Irena Brežná

Wie ich auf die Welt kam

Irena Brežná

Wie ich auf
die Welt kam

In der Sprache zu Hause

Rotpunktverlag.

Dieses Buch erscheint mit freundlicher Unterstützung
durch den Fachausschuss Literatur Basel-Stadt/Basel-Landschaft.
Der Verlag bedankt sich dafür.

Der Rotpunktverlag wird vom Bundesamt für Kultur
mit einem Strukturbeitrag für die Jahre 2016–2020 unterstützt.

Umschlagbild: Irena Brežná am Rheinufer in Basel neben der Skulptur
»Helvetia auf der Reise« von Bettina Eichin, Foto: Jan Geerk
Lektorat: Adrian Flückiger
Umschlag und Satz: Ulrike Groeger
Bildbearbeitung: Widmer & Fluri, Zürich
Druck und Bindung: Friedrich Pustet, Regensburg

ISBN 978-3-85869-795-0
1. Auflage 2018

Dieser Titel ist auch als E-Book erhältlich.

Inhalt

Weichenstellung 1968

Prager Frühling
in Bratislava

Kreischend und stampfend auf dem Bild unseres Präsidenten wurde ich als Bürgerin geboren. Für die Achtzehnjährige, die in einem Gymnasium in Bratislava Tag für Tag langweilige Stunden unter dem Porträt Antonín Novotnýs zugebracht hatte, war der Frühling 1968 eine wilde Freude: In der Pause rissen Mitschüler das strenge Dutzendgesicht mit schmalen Lippen und einer ordentlich gebundenen Krawatte herunter. Genug lang hatten wir stumpf den Pflichtwortmüll geschluckt, dass wir das Glück hätten, in einem gerechten sozialistischen System zu leben, und dank der Sowjetunion, unserem allerbesten Freund, seien wir auf dem Weg zu der besten Gesellschaftsform – dem Kommunismus. Nach der erfolgten Befreiung der proletarischen Massen durfte es keinen Aufstand mehr geben. Eigene abweichende gesellschaftliche Initiative, in welcher Richtung auch immer, wäre Sabotage gewesen.

Täglich überschritt ich die scharfe Grenze zwischen der Außenwelt und dem Zuhause, wo mir Mutter ihre Grundsätze des Überlebens beizubringen versuchte:

»Denke, was du willst, aber sag es nicht.«

Das mütterliche Verbot hat – entgegen ihrer Absicht – aus mir eine Schreibende gemacht. Jeder meiner Texte ist immer noch ein Aufbäumen gegen das Gebot des Schweigens und des Nichthandelns.

Der kläglich am Boden zerstörte Präsident hat mir die Entdeckung geschenkt, dass die Politik auch Teenagern unbändige Freude bereiten kann. Die Zeit war reif dafür. Noch im Winter hätte man für solch eine Tat mit dem Schulausschluss rechnen müssen und davor wohl mit der Einweisung in eine Besserungsanstalt. Im Frühlingswind, der über die Donauebene wehte, ordnete der herbeigeeilte Schulrektor an, die Splitter zusammenzukehren, und murmelte:

»Das ist strafbar, Genosse Novotný ist immer noch Präsident.«

Seine Stimme war dünn und bestätigte, was wir schon wussten: Dem rigiden System ging allmählich die Luft aus. Auf dem Heimweg schmierten wir an die Mauern vulgär-naive Sprüche wie »Der Präsident ist ein Schwein« und lachten entfesselt. Der Anfang der Polis war da, wir benannten Unrecht und Blödheit so, wie wir sie fühlten – emotional und ungeübt in der politischen Wortwahl.

Die verbrecherische Biederkeit, mit der die Gesichter der Funktionäre vom Zentralkomitee der KP geschlagen waren, als kämen sie vom Fließband, stand für repressive Lüge und abtötende Langweile, die meiner Generation aufgezwungen wurden. Novotnýs Gesicht herunterzureißen, hieß die Autorität der Väter zu stürzen, die uns die Beatles, das Tragen von langen Haaren und Miniröcken und damit den Anschluss an die Welt am liebsten verbieten wollten. Was wäre geschehen, wenn der in jedem Klassenzimmer und in jedem Büro hängende Präsident attraktiv und jung gewesen wäre wie Che Guevara auf dem berühmten Plakat, das ich später in den WGs der westlichen Linken hängen sah? Der bärtige Revolutionär mit schickem Barett hat zur westlichen Illusion vom Sozialismus gepasst und nicht in unsere hässliche Wirklichkeit. Unsere glattrasierten Weltverbesserer redeten monoton, ihre Reden an KP-Versammlungen über eine bessere Zukunft, die sie für uns vorbereiteten, wurden im KP-Parteiorgan *Pravda* (Wahrheit) und im Gewerkschaftsorgan *Práca* (Arbeit) in voller Länge abgedruckt. Wie hätte ich da Journalistin werden wollen? Auf den Geschmack dieses Berufes kam ich in jenen Monaten, die so kurz wie ein Traum waren und mich doch nachhaltig verwandelt haben.

Novotnýs Inventargesicht war im Januar 1968 durch das weiche, zwar nicht außergewöhnliche, doch menschlich anmutende Gesicht von Alexander Dubček ersetzt worden, der Parteichef geworden war. Mit diesem Gesicht, das nicht in Klassenzimmern aufgehängt wurde, sondern lebendig blieb, kam eine neue Definition der anzustrebenden Gesellschaftsordnung auf – der »Sozialismus mit menschlichem Antlitz«. Es war nicht zu überhören, was die neue Ausrichtung implizierte: Der vorherige Sozialismus hatte ein Monstergesicht gehabt. Einer neuen Zukunftsutopie gegenüber war ich misstrauisch, allzu viele Utopien waren bereits strapaziert worden und so könnte auch diese wieder eine Täuschung sein. Konkret und revolutionär bot sich an, dem Monster nun ins Gesicht schauen zu dürfen, und darin lag die Menschlichkeit des Tauwetters.

Bei den westlichen Linken wurde der Prager Frühling zukunftsorientiert als dritter Weg oder als demokratischer Sozialismus gepriesen, als Verheißung einer gerechten Gesellschaft, als eine revolutionäre Volkserhebung. Dabei kamen die Reformen von oben, von der kommunistischen Parteispitze, und wurden dann von der Bevölkerung mitgetragen. Ob der Sozialismus reformierbar sei oder nicht, war nicht vorrangig, die Euphorie, die die Gesellschaft erfasste, konnte sich durch die Erweiterung des politischen Korsetts als eigene, sich steigernde Dynamik entfalten, als Ausbruch aus einem kriminellen, muffigen System.

Pravda und *Práca* wurden zu Zeitungen. Ich fing an, sie zu lesen, und erfuhr von politischen Prozessen und Arbeitslagern aus den Fünfzigerjahren sowie von absurden und vertuschten Missgriffen der Planwirtschaft. Das war noch längst keine Pressefreiheit, wie ich sie später im Westen kennenlernen sollte, aber die Lockerung der Zensur machte die Blätter zu einer aufregenden Lektüre.

Das Demütigende, das Unerträgliche der Nachkriegszeit in der sozialistisch gewordenen Tschechoslowakei bestand in der institutionalisierten Lüge – manch ein Verbrechen wurde als Wohltat für die Menschheit angepriesen, die Geschichte und die Gegenwart waren verfälscht worden, und das, was uns Eltern und Großeltern erzählten, falls sie es überhaupt wagten, war ganz anders als die Schullektüre. Erst später wurde mir bewusst, wie sich das Aufwachsen in der permanenten Lüge nachhaltig auf das Vertrauen in staatliche Strukturen und auf den Bürgersinn auswirkt hatten.

Der Begriff der politischen Freiheit leitet sich für die erwachende Bürgerin von diesem Frühling ab, der so licht war, da er die Dunkelheit als dunkel erscheinen ließ. Das Private ist mit dem Politischen aufs Engste verwoben – das war die Lektion des Lebens in der ČSSR. Aber dass wir, die einfachen Bürger und Bürgerinnen, das Recht haben, den Knäuel zu entwirren, das erfuhr ich erst jetzt. Das Vermächtnis von 1968 bleibt: Wenn ich das Vergangene und das Jetzige klar beim Namen nenne, wird die Zukunft ein aufrichtiges Antlitz haben. Doch bis zur endgültigen Befreiung dauerte es noch erzwungene 21 Jahre Rückfall in die Diktatur, euphemistisch *normalizácia* genannt. Denn nach dem Frühling kam der Sommer.

Mein
Besatzer

Am 21. August um drei Uhr nachts brach eine sowjetische Panzerdivision unter Leitung des Generals Bondarenko von der ungarischen Grenze nach Bratislava auf. Man sagte den Soldaten, dass sie den Sozialismus gegen tschechoslowakische Konterrevolutionäre und die bundesdeutsche Okkupationsarmee, die ins Land eingefallen sei, verteidigen würden. Sie waren Teil von einer halben Million Soldaten aus den Ländern des Warschauer Paktes mit Ausnahme Rumäniens – überwiegend aus der Sowjetunion. Mit dabei war auch Muchammad Salich. Im Rahmen von groß angelegten Manövern des Warschauer Paktes hatte er die letzten zweieinhalb Monate in Ungarn verbracht. Er war achtzehn Jahre alt und zum ersten Mal länger weg aus seinem usbekischen Städtchen. Am Vortag hatte man die alten Kalaschnikows durch das neuste Modell ausgetauscht, und jeder Soldat hatte 120 Patronen, zwei Granaten und eine neue Uniform samt Helm erhalten. Die Essensration wurde erhöht, und es gab sogar Sahne und Schokolade – ein Fest für sowjetische Soldaten. Nun saß Muchammad Salich auf dem Panzer, beflügelt von einem abenteuerlichen Gefühl, und hielt sich für bedeutend und kühn.

Während seine Einheit über die Donaubrücke auf die slowakische Metropole zufuhr, wartete er furchtlos darauf, dass die Konterrevolutionäre den Konvoi in die Luft sprengen würden, und malte sich aus, wie er sich mit einem Sprung in die

Donau retten würde. Aber die Nacht war still. Als sie in die dunklen Straßen eindrangen, sehnte er sich danach, die gemeinen *kontry* zu bekämpfen. Doch aus den Fenstern lehnten sich bloß verschlafene Menschen, die in einer slawischen Sprache fragten, wer um Gottes willen sie denn seien. Rote Armee, antworteten sie stolz, aber die aus dem Schlaf Gerissenen wollten es nicht glauben. Bratislava wurde für Salich eine Stadt mit fassungslosen Gesichtern.

Alles erschien ihm wie im Märchen: Er war überwältigt, in einer europäischen Stadt mit einer richtigen mittelalterlichen Burg zu sein – darunter lag eine Wiese mit hohem Gras in einer warmen Sommernacht. Er war schon damals Dichter. Den ersten Schmerz und die erste Scham, denen dann weitere folgten, empfand er, als die Soldaten das Gras zertrampelten und sich spuckend darauf einrichteten. Noch wusste er nicht, dass er ein Besatzer und kein Befreier war, doch nach der Entweihung der Ruhe auf der Wiese fing er an, es zu erahnen. Die nächsten Tage sah er zum ersten Mal junge Frauen in Miniröcken, deren lange Beine er nie mehr vergessen sollte. Diese wunderschönen Wesen überbrachten ihm Flugblätter und versuchten, ihn ohne Bosheit, doch unermüdlich davon zu überzeugen, dass er ein Unrecht beging.

Jahrzehnte später erzählt mir Muchammad Salich, inzwischen der bekannteste usbekische Oppositionspolitiker und Vorsitzender der Exilpartei *Erk*, wie ihn dieser ruhige, würdevolle und zähe Widerstand beeindruckt habe. Ich treffe ihn in seinem Frankfurter Exil, und als Erstes bittet er die Bevölkerung der Tschechoslowakei und mich mit sanfter Stimme um Verzeihung. Ich hätte ihm damals unter der Burg begegnen können. Doch kurz vor der Okkupation war ich unterwegs in ein Studentensommerlager bei Bordeaux. Im Zug redeten zwei französische Arbeiter auf mich ein:

»Attention, les Russes.«

Sie wurden nicht müde, mir ihre Warnung nachzurufen, auch als ich schon ausgestiegen war. Ich lachte unbekümmert, genoss die neue Freiheit des Reisens und war zuversichtlich, dass der Kuss, den der sowjetische Staats- und Parteichef Leonid Breschnew seinem Parteikollegen Alexander Dubček auf den Mund gepresst hatte, verbindlich sei. Breschnew hatte den tschechoslowakischen Reformkurs in der slowakischen Stadt Čierna nad Tisou ein paar Wochen vor dem Einmarsch gutgeheißen, und wir hatten im Fernsehen gesehen, wie er die unverbrüchliche Bruderschaft mit einem Kuss besiegelt hatte. Wieso wussten französische Arbeiter über feuchte Küsse aus dem Kreml besser Bescheid als wir?

Am Morgen des 21. August bin ich in Frankreich aufgewacht. Ich will mit meinem Volk zusammen sein, aus Millionen Mündern rufen:

»Ivan, idi domoi, Iwan, gehe nach Hause.«

In meinem ersten in deutscher Sprache verfassten Text beschrieb ich den Schock über den hinterlistigen Gewaltakt:

»Ich begann zu begreifen. Es war wie das Hauen auf eine leere Konservenbüchse, ein hoher, stumpfer Ton. Mein Körper war hohl und in ein Frostkorsett gezwängt. Das französische Radio meldete ununterbrochen ›L'occupation de la Tchécoslovaquie‹. Da überfielen mich unbarmherzige Weinkrämpfe. Die Hülle war abgefallen. Übrig geblieben war ein winziges, gehäutetes Wesen. Und da spürte ich ein leises Kribbeln beim Bewusstsein des historischen Augenblicks. Meine Heimat zog mich an wie ein bodenloser Abgrund, ich hätte mich gerne blind hineingestürzt. Ich ahnte, dass nicht die Panzer, die vor meinen ungläubigen Augen auftauchten, zum Verzweifeln waren. Das Gefährliche und Lähmende war die Gewissheit, dass es auf dieser von den Panzern gewalzten Erde wieder ein plattes Leben in gegenseitigem Misstrauen und Angst geben würde.«

In Bratislava verstand Salich, dass er kein Russe und dass Usbekistan mit seinen Baumwollplantagen eine typische sowjetische Kolonie war. Paradoxe Gefühle hatte der Besatzer, er pflückte süße Pflaumen und wäre hier gerne länger geblieben, aber es schauderte ihn zu sehen, wie sein Vorgesetzter während einer Protestdemonstration in Bratislava ein Mädchen erschoss. Der Gedanke an die Menschen, die an diesem Ort ständig frische Blumen niederlegten, verfolgte ihn. Zum Auslöser für den endgültigen Bruch mit der Sowjetunion wurde für den Usbeken der Sturm auf das slowakische Rundfunkstudio. Sein Spähtrupp drang mit entsicherten Gewehren in die verlassenen Korridore ein, wo sich eine einsame Angestellte mit erhobenen Armen sofort ergab. Da lachte er über sich selbst, sah ein, wie lächerlich er war. Und als sich ein Soldat oben aufs Klavier setzte und mit den Füßen auf der Klaviatur herumtrampelte, war es für Muchammad Salich, als habe sich durch diese Untat die große russische Kultur, die er so bewundert hatte, selbst entwertet.

Bald darauf verließ er die Tschechoslowakei als usbekischer Nationalist. Später wanderte er ruhelos durch die Welt, allerdings nicht mehr als Nationalist. Er hat den Islam neu und leidenschaftlich entdeckt. Als wir am Mainufer in Frankfurt spazierten, horchte er und sagte leicht beschämt, ihm scheine es, die Wellen flüsterten den Namen Allah. Da war er schon gejagter Feind Nummer eins des in Usbekistan herrschenden Präsidenten Islam Karimow, der ihn selbst mit einem internationalen Haftbefehl suchen und seinen Bruder aus Vergeltung verhaften ließ. Mein ehemaliger Besatzer träumte davon, Karimows grausames Regime zu stürzen und den politischen Frühling nach Taschkent zu bringen. Eine Rückkehr blieb ihm allerdings auch nach Karimows Tod nicht vergönnt, er zog es vor, in Istanbul zu leben.

Blick
auf Halbmast

Da sitze ich in einem Minirock aus »echtem Kunstleder« in einer Villa oberhalb des Städtchens La Chaux-de-Fonds meinem ersten Kapitalisten gegenüber und denke, dass mein Leben zu Ende sei. Es ist aber bloß das Ende meines längsten, aufregendsten und tragischsten Sommers. Bis heute ist keine Jahreszahl für mich so bedeutend wie 1968. In der Schule haben wir gelernt, dass dicke Kapitalisten dicke Zigarren rauchen. Der leibhaftige Kapitalist im Sessel aus echtem Leder ist schlank und raucht eine Marlboro nach der anderen. Seiner Gesundheit zuliebe raucht er sie nur zur Hälfte, er kann es sich leisten, er sitzt im Vorstand von Philip Morris. Dem Geist des sozialistischen Asketismus bestätigt das Spektakel, dass wir in einer Welt von ungeheuer luxuriösen Lastern gelandet sind.

Mein Vater gibt dem Kapitalisten Ratschläge, wie er einen Prozess gewinnen könnte, um seinen Reichtum noch zu vergrößern. Vor lauter Anstrengung, sich in der Fremde nützlich zu machen, färbt sich Vaters Hals rot. Was weiß mein Vater schon davon, wie Schweizer Fabrikanten auf dem Rücken des Proletariats ihre Gewinne am besten einstreichen? Er weiß nur, wie die Kommunisten ihm das Rückgrat brechen wollten. Sie haben 1950 seine frisch gegründete Anwaltskanzlei in Bratislava konfisziert und ihn als Hilfsarbeiter in den Steinbruch abkommandiert. Wir mussten ins Städtchen Trenčín umsiedeln, wo ich aufgewachsen bin. Am Samstag kam der Vater erst abends nach Hause, und sonntags fuhr er wieder zur Schicht. Weit weg von der Familie sollte er das richtige proletarische Bewusstsein erlangen. Das ist ihnen nicht gelungen. Er kann es immer noch nicht lassen, juristische Ratschläge zu erteilen. In dieser Villa ist er ein Niemand, aber er will unbedingt jemand sein. Die Peinlichkeit nimmt kein Ende, der Kapitalist raucht und raucht, er wirkt wie ein hilfloser süchtiger Junge, und mein Vater redet laut auf ihn ein.

Die Ehefrau des Philip-Morris-Kapitalisten schweigt. Sie war einmal die Geliebte des Vaters, noch vor dem Krieg, als er in Österreich und in Italien studierte, als bürgerlicher Sohn eines Arztes aus der kapitalistischen Tschechoslowakei. Jetzt wird sie von ihrer Vergangenheit eingeholt. Eine Flüchtlingsfamilie samt zwei Koffern sitzt in ihrem Salon. Das hätte der Vater nie tun sollen, sich selbst und uns so zu erniedrigen. Ich nehme aus der Umgebung ein neues Gefühl wahr – Mitleid. Früher war das Mitleid für die armen Opfer der kapitalistischen Ausbeutung reserviert. Alles ist auf den Kopf gestellt. Meinen Minirock aus braunem Kunstleder, diese Trophäe, die ich auf einem Pariser Flohmarkt erstanden habe, streift im blauen Dunst ein nachsichtiger Blick. Ich will nichts als dorthin zurück, wo mein Minirock Anerkennung fände.

Ich war noch im französischen Studentenlager, als mir meine Mutter am Telefon aus Bratislava sagte, die Panzerrohre seien auf unsere Fenster im achten Stock gerichtet, ich solle nach Paris fahren, der Graf würde mir weiterhelfen. In einer Seitenstraße der Champs-Élysées wohnt der ehemalige Geliebte meiner Mutter, ein ungarischer Graf, mit dem sie unserem Vater vor dem Ungarnaufstand 1956 untreu war. Nach dessen Niederschlagung wollte der Graf Mama ins Exil mitnehmen. Aber sie war noch nicht bereit für die Republikflucht. Jetzt will sie nur noch weg aus Bratislava. Zum Glück gab es den Flirt in Budapest. Die alte Liebe ist ein Anker in der großen Welt.

Irena Brežná mit ihrer Mutter in Basel
Anfang der Siebzigerjahre.

Wir sind ein paar Slowakinnen und Tschechen, wir haben das Sommerlager in Richtung Paris verlassen und wissen nicht, was nun aus uns werden soll. Wer wird zurückgehen, und wer bleibt im Westen? Wir vereinbaren, dass wir uns in einem Jahr, am 21. August 1969, entweder in Prag auf dem Wenzelsplatz oder unter dem Arc de Triomphe treffen. In Paris klingle ich beim Grafen, er öffnet, ich sage den Namen meiner Mutter, es ist auch mein Name. Der Graf schaut mich aufmerksam an und legt seine Zimmer für uns alle mit Matratzen aus. Der Aristokrat ist weder reich noch überheblich und legt Wert auf Bildung. Er schickt die aus der Geschichte Hinausgeworfenen weltfremd auf einen Ausflug nach Versailles und drückt uns Reisegeld in die Hand. Was soll ein Königsschloss den Zöglingen einer sozialistischen Schule schon sagen? Natürlich fahren wir nicht zum bürgerlichen Touristenziel, sondern zum Flohmarkt. Für das Reisegeld des Grafen kaufe ich mir jenen Minirock, der mich auf meiner Odyssee begleiten wird.

Der Philip-Morris-Kapitalist gibt uns ein Zimmer in seinem Wochenendhaus im Grünen. Ich streife melancholisch durch die Gegend, sehne mich nach Kampf und Engagement für mein besetztes Land, nach Frauenvorbildern, die keine schweigsamen Kapitalistengattinnen sind. Ich senke den Blick auf Halbmast.

Wie bin ich hier gelandet? Als ich von Paris nach Wien kam, wartete dort die Mutter auf mich, wir klapperten zusammen ein paar Botschaften auf der Suche nach einem Visum ab. Überall war Andrang, die kanadische war besonders begehrt, unsere Landsleute kampierten davor. Als jemand sagte: »Die Schweiz nimmt Flüchtlinge ohne Visum auf«, fuhren wir gleich los. Von der Schweiz wussten wir lediglich, dass sie politisch neutral war, und genau das strebte der »Sozialismus mit menschlichem Antlitz« an und meinte damit die Loslösung aus dem sowjetischen Bannkreis.

Im Kopf hatte ich die Heimwehbriefe slowakischer Auswanderer aus den Fabriken in Chicago Ende des 19. Jahrhunderts. Die Emigration erschien mir ein Fluch zu sein. Die Autofahrer auf der österreichischen Autobahn winkten uns, damit wir anhielten, sie fragten, wohin wir fuhren und wie sie uns helfen könnten. Wir waren also zu Flüchtlingen geworden, denen zufällige Menschen Hilfe anboten. Einerseits verstörend, andererseits berührend.

Gleich nach der österreichisch-schweizerischen Grenze kamen uns zwei junge Männer entgegen, einer steckte den Kopf durchs Wagenfenster und fragte in singendem Tschechisch: »Mädels, sucht ihr das Lager?«

Also emigrieren die Tschechen zusammen mit uns, dachte ich erleichtert, und das Flüchtlingsschicksal wurde für eine Weile leicht wie ein tschechischer Witz.

Über dem Tor des provisorischen Lagers in Buchs stand: »Willkommen Helden!«

Schweizer Soldaten behandelten uns ausgesucht schonend, was mich nur darin bestärkte, dass hier ein gut gemeintes Missverständnis vorlag – weder bei meinen Landsleuten noch bei mir konnte ich heroische Eigenschaften entdecken.

Bei der Registrierung verhörte mich ein junger Soldat: »Sind Sie verheiratet?«

»Nein.«

»Das wird nicht lange dauern«, meinte er ernsthaft.

Das war also mein erster Schweizer Flirt, auf eine währschafte Art.

Wir fuhren aufs Geratewohl weiter westwärts, gegen Abend erreichten wir Basel, und die Mutter sagte müde:

»Wir emigrieren keinen Meter weiter.«

Seitdem lebe ich hier.

Und was jetzt?
Die Autorin, gestrandet in der Schweiz.

Emigranten-
existenz

An der Philosophischen Fakultät der Basler Universität entdecke ich eine linke Szene aus feurigen Kapitalismuskritikern.
Hier könnte ich Freunde finden. Doch ich habe nicht vor, Verrat an meinem politischen Gedächtnis zu begehen, nur um hier
heimisch zu werden. In den Zimmern hängen Marx- und Le-
nin-Porträts, die Langhaarigen schwärmen von Mao und rufen »Ho Ho Ho Chi Minh«. Ich finde eine Schweiz vor, gespalten
in zwei politische Lager. Die Rechten fragen mich begierig
nach dem Leiden im Realsozialismus aus, meine Worte brauchen sie als Bestätigung ihres antikommunistischen Reflexes
und erwarten, dass ich die hier etablierte Gesellschaftsordnung vorbehaltlos begrüße. Nein, mit ihnen kann ich die Sehnsucht nach sozialen Veränderungen nicht teilen.

Ich hoffe, die Linken, die die verkrusteten Strukturen so ablehnen, würden offener sein. Doch ich stoße bei ihnen auf eine
anders strukturierte Strenge: Wer nicht auf die Rettung der
Menschheit durch eine marxistische Revolution hinwirkt, gehört nicht dazu. Jemand, der vor dem Sozialismus geflohen ist,
gilt von vornherein als rechtslastig. Mein Akzent, der Name,
das ist verdächtig genug. Ich suche Humor, Freundschaft,
Liebe und gerate stattdessen in dogmatisch politisierte Kreise.
Wenn jemand die Haltung vertritt: »Solange die Sowjetunion
da ist, kommen die Amerikaner nicht«, empört es mich, dass
die Völker in Mittel- und Osteuropa geopfert werden, um ein

Bollwerk gegen den Kapitalismus für die westlichen Linken aufrechtzuerhalten.

Der intellektuelle Trend der frühen Siebzigerjahre in Basel sind die Vorlesungen des Philosophieprofessors Arnold Künzli. Sein marxistisches Vokabular ist abstrakt, doch für mich ist es konkret und zum Gespött verkommen. Lieber besuche ich Seminare der klassischen und deutschen Philosophie, die nicht das verhöhnt, was hinter dem Eisernen Vorhang geschieht.

Die ersten Exiljahre bleiben mir in Erinnerung als eine finstere Zeit – sie wäre wohl finster, egal, in welchem Exilland. Manchmal fährt ein Fahrrad an mir vorbei, daran klebt ein tschechoslowakischer Wimpel als Zeichen der Anteilnahme mit unserer Tragödie. Und es gibt Menschen, die Achtung für den Prager Frühling haben, umso mehr, da er im Keim erstickt worden ist. Ich muss mich für meine Abstammung nicht schämen.

Etwa 13 000 tschechoslowakische Staatsangehörige erhalten per Beschluss des Bundesrats kollektiv Asyl, sie müssen keine konkreten Beweise für politische Verfolgung vorbringen wie zum Beispiel chilenische Flüchtlinge. Hätten sie es tun müssen, wären die meisten wieder zurückgeschickt worden. Es ist Hochkonjunktur, die Wirtschaft begrüßt die technisch gut ausgebildeten Arbeitskräfte. Meine Eltern finden innerhalb von ein paar Wochen Anstellung in der Pharmaindustrie. Chemikerinnen, Physikerinnen, Ärztinnen rufen in der männerdominierten Schweizer Arbeitswelt nicht nur Staunen, sondern auch Zweifel an ihren Kompetenzen hervor. Eine Bauingenieurin? Will die auf dem Baugerüst etwa im Rock und in Stöckelschuhen herumklettern?

Der ungarisch-schweizerische Psychiater Emil Pintér beschreibt in seiner 1969 erschienenen sozialpsychiatrischen Untersuchung über ungarische Flüchtlinge in der Schweiz unter dem Titel »Wohlstandsflüchtlinge«, wie die von der ungarischen Revolution von 1956 begeisterte Schweizer Bevölkerung mit Spannung auf dunkeläugige, vom Kampf erschöpfte, von Hunger geplagte Helden mit dem Charme aus der Puszta wartete, für die eine heiße Kraftbrühe gerade das Richtige sei. Zu ihrer Enttäuschung erschienen meist apolitische, wohlgenährte und verunsicherte Bürger und Bürgerinnen. Ebenso wenig können die Schweizer Achtundsechziger ihr Idol eines neuen sozialistischen Menschen bei den tschechoslowakischen Flüchtlingen finden. Schließlich zeichnet sich die Mehrheit jedes Volkes nicht gerade durch revolutionäre Beseeltheit aus. Ein Schweizer Journalist und Kommunist sagte mir später mit Neid, ich hätte das Glück gehabt, unter progressiven Kräften aufzuwachsen. Da konnte ich nur ungläubig lachen.

Tatsächlich war in den Ländern des Realsozialismus ein Menschentypus entstanden, der, gewohnt an autoritäre Behandlung im Totalitarismus, Stärke schätzte und eine zum Überleben nötige Durchtriebenheit entwickelte. Diesem *homo sovieticus* fehlte ein globales Verantwortungsgefühl, vor der ermüdenden Propaganda rettete er sich ins Privatleben und in einen bescheidenen Konsumismus. Ich gestehe, in der ganzen Irrealität der Anfangszeit stelle auch ich mir vor, wie ich einen Sportwagen geschenkt bekomme, und in meiner Vision fehlt, wie ich mich dafür überwältigt bedanke, da ein rasendes Vehikel mir doch zusteht, um damit dem Emigrantenschicksal zu entkommen. Aber wohin?

Zwar schneiden die Flüchtlinge aus Mittelosteuropa in der Hierarchie der Ausländer besser ab als andere. Dennoch stellt Pintér fest, dass intensive Kontakte der Ungarnflüchtlinge mit den Einheimischen sich fast ausschließlich mit Außenseitern ergaben. Er beschreibt die Schweiz, in die die Ungarn kommen, als ein Land, das sich abgrenzt, das Eigene schätzt und einen sparsamen Umgang mit Gefühlen pflegt – 1968 ist es nicht viel anders. Auch der hiesige Dünkel erschwert Kontakte von

Gleich zu Gleich, was die Flüchtlinge besonders belastet, da sie vorhaben, ihr Leben hier zu verbringen, und darauf angewiesen sind, sich ein soziales Netz aufzubauen.

Laut Pintér war das größte Problem der Ungarnflüchtlinge, die an eine direkte, gefühlsbetonte Kommunikation gewohnt waren, die Kontaktlosigkeit. Die schweizerisch sachliche Art dechiffrierten sie als ein »Nur nicht zu nahe treten!«, und indirekte, freundliche Winke verstanden sie nicht. Nach mehreren solch unbeholfen verlaufenden Kontakten sei das Lebensgefühl lau geworden, und die materiellen Vorteile hätten ihren Reiz verloren. Auch von Natur aus gesellige Menschen seien zu Eigenbrötlern geworden, hätten sich an ihre Familien und die Landsleute geklammert. Lange Jahre pflege ich als Erlösung eine Art, die ich auch jenen Fremden empfehle, die sich über mangelnde Freundschaften beklagen: »Entdecke hier deine Innenwelt.«

Bezeichnenderweise trägt ein Erzählband tschechoslowakischer Schriftsteller und Schriftstellerinnen in der Schweiz aus den Siebzigerjahren den Titel *Das kalte Paradies.* So heißt auch der danach entstandene Film des tschechischen Emigranten Bernard Šafařík. Viele ungarische und tschechoslowakische Flüchtlinge beweisen Arbeits- und Lernwut, obwohl in ihrer Heimat weder Fleiß noch Karriere einen hohen Stellenwert haben, sondern vielmehr die Geselligkeit geschätzt wird. Bald beherrschen sie die Sprache, steigen beruflich auf, schaffen sich materielle Güter an, reisen in der Welt herum. Mit diesem Drang nach Anerkennung versuchen sie wohl, ihre Andersartigkeit – die ein Dauerstress ist – abzumildern, was nicht bedeutet, dass sie auch innerlich mit dem einverstanden sind, was sie vorgeben zu sein. Viele meiner Landsleute wirken nicht gerade so, als hätten sie vor, zum Sand im hiesigen Getriebe zu werden. Doch wie teuer haben sie für ihre Anpassung bezahlt?

Die Überanpassung aus Angst anzuecken kann sich rächen. Pintér hat bei ungarischen Flüchtlingen in der Schweiz eine drei- bis viermal größere Suizidrate als bei den Einheimischen festgestellt. Die Analyse von Pintér war für mich wichtig, ich fand darin eigene Ansätze zu Ende gedacht, sah Ähnlichkeiten zur tschechoslowakischen Emigration und verstand auf einmal, was mit mir und anderen Flüchtlingen los war. Die besondere Sensibilität, die aus ihrer Kultur herausgerissene Menschen entwickeln, hat also System, begriff ich. Schon dadurch, dass sie täglich selbst ihr Anderssein als unangenehm empfinden, deuten sie harmlose Fragen wie »Woher kommen Sie?« als Wunsch der Einheimischen, sich von ihnen abzugrenzen. Um den Stress zu minimieren, achten sie darauf, nicht aufzufallen.

Ein ungarischer Flüchtling in England drückte diese Verwirrung laut Pintér so aus:

»Von Tag zu Tag sind vor uns stets neue Gesichter erschienen. Wir haben sie ohne Ausnahme fertig bekommen, und deshalb bedeutete uns jedes Engländergesicht ein unlösbares Rätsel. Wir wussten nicht, was es war, wie es so geworden ist, bevor es vor uns aufgetaucht war. Zu Hause haben wir selbst von einem noch nie gesehenen Menschen etwas geahnt. Hier waren wir völlig ratlos. Aus der Ahnungslosigkeit sind Fehler entstanden, und wie die Einheimischen auf diese Fehler reagierten, so wurden wir in die geschlossene Anstalt der Menschenscheu gedrängt.«

Nicht nur die Einheimischen wirken auf mich wie Marsmenschen, auch ich bin für sie ein Rätsel. Sie stellen die banalsten Fragen – ob wir drüben einen Kühlschrank hatten – und zeigen ein übertriebenes Mitgefühl, wodurch ich mich ausgestoßen fühle, als hätte ich ungeheure Schrecken erlebt. Ich muss mich ständig erklären. Bei Landsleuten atme ich auf. Andere wiederum meiden die Landsleute und brechen alle Beziehungen zur Heimat ab. Aus Angst, man könnte ihnen wegen mangelnder

Assimilierung – die damals gefordert wird – den roten Pass verweigern, unterwerfen sie sich einem Zwang, wie sie es in der Diktatur, aus der sie geflohen sind, wohl kaum getan hätten.

Eine andere Überreaktion ist, gegen die neue Welt Aggressionen zu entwickeln, sie wird schon dadurch, dass sie anders ist, als feindselig erlebt. Die Macht der mitgebrachten Gewohnheiten kann den Blick ziemlich trüben. So schafft das Exil glühende Patrioten, die die Mentalität ihres Volkes verklären und für die Einheimischen bloß Verachtung übrighaben. Auch ein Überlebenstrick, kann doch ein schneller Verlust der alten Identität zum psychischen Zusammenbruch führen, das Hergebrachte dagegen verleiht Stabilität.

Slowakische Nationalisten gründen rein slowakische Vereine, geben slowakische Zeitschriften mit nationalistischen Inhalten heraus. Ich meide diese Kreise, meine Identität ist tschechoslowakisch, ich schreibe für die tschechoslowakischen Exilmedien und tanze an tschechoslowakischen Bällen.

In der Heimat werde ich als Volksverräterin für die Straftat des illegalen Wegbleibens zu eineinhalb Jahren Gefängnis verurteilt. Ein Zurück gibt es nicht, ich muss mich umstellen, mir hier eine Zukunft aufbauen. Der ehrgeizige Entschluss, die fehlende westeuropäische Bildung nachzuholen, treibt mich voran. In der Universitätsbibliothek lese ich unter dem gewölbtem Dach Platon, Spinoza und Nietzsche, es beglückt mich, an ihrem Denken teilzuhaben. In der Tschechoslowakei bedeutet ein Philosophiestudium nichts mehr und nichts weniger als Marxismus-Leninismus. Ich staune über Martin Heideggers verschachteltes Deutsch, nehme ihm seine Konstruktionen aber nicht ab. Vielmehr belustigt es mich, dass es eine Sprache gibt, die Substantive aneinanderreiht, sich eine feste, vertikale Welt denkt, ohne sie durch Verben aufzulockern. Meine ersten auf Deutsch verfassten Texte sind von Heideggers substantivischer Obsession geprägt, als hätte ich darin Geborgenheit gefunden.

Statt Geselligkeit Entdeckung der geistigen Welt:
Studentenausweis der Universität Basel.

Ich verschlinge auch Sigmund Freud und C. G. Jung, tauche in fantastisch anmutende seelische Abgründe ab. Diese Autoren sind an den Universitäten der proletarischen Diktaturen als »bürgerlich und elitär« nicht zugelassen, Seelenkrisen behandelt man im Reich der Werktätigen lediglich mit Medikamenten und Arbeit. Ich habe in Basel denken gelernt, mich reibend an all den Widersprüchen jener Zeit. Werde ich gefragt, was ich an der deutschsprachigen Kultur schätze, weiß ich: Das, was damals unter dem Bibliotheksdach allmählich heranreifte – den analytischen Geist.

Die Ausblendung der Schweizerinnen aus dem politischen und gesellschaftlichen Leben begreife ich erst allmählich. Eines Tages hängen überall Plakate für und gegen das Frauenstimmrecht, die Gegner beschwören Familienzerfall und den Untergang des Landes. An der Basler Universität sind Studentinnen nur spärlich vertreten, und manch ein Kommilitone wirft mir vor, ich vergeude Staatsgelder, da ich später sowieso bloß dem Nachwuchs die Nase putzen würde. Ein Kontrast zur Tschechoslowakei, wo sich die Frauen über ihren Beruf definieren und an den Universitäten in der Mehrheit sind. Das Wahlrecht besitzen sie seit 1918, doch seitdem die Kommunisten 1948 die Macht ergriffen haben, sind Wahlen eine Farce, gleichsam für Frau oder Mann.

In den Siebzigerjahren ordnet der Zivilstandbeamte des Kantons Basel-Land meiner Schwägerin offiziell an, dem Gatten zu gehorchen. Was es heißt, dass die Frau in der Gesetzgebung als Mündel gilt, erfahre ich, wenn meine Arbeitsverträge – ob als Russischlehrerin an einer Sprachschule oder als Psychologin in der medizinischen Forschung – von meinem Ehemann mit unterschrieben werden müssen. Ohne seine Einwilligung darf ich nicht arbeiten. Die Frauen sind im öffentlichen Leben fast unsichtbar, in leitenden Positionen sowieso. Die Amtsschreiben fangen mit »Sehr geehrte Herren« an, in der Diktatur des Proletariats mit »Geehrte Genossinnen und Genossen«. Ich lese feministische Literatur, vor allem von Amerikanerinnen – die Theorie ist also längst da, bloß die Umsetzung fehlt. Die Analysen des Patriarchats sind keine verbotene Lektüre wie im Reich der sozialistischen Frau, wo die Genossen nur jene Auslegung der Frauenemanzipation gestatten, die ihnen passt. Frauen in die Produktion, ist der Slogan, um die Industrialisierung voranzutreiben.

Ich will an der Gestaltung der Welt teilhaben, aber wofür soll ich mich in einer mir lange unverständlich gebliebenen Schweiz einsetzen? Als in Polen das Kriegsrecht ausgerufen wird, werde ich aufgerüttelt, da kenne ich mich immerhin aus. Im Treppenhaus bastle ich ein Plakat – »Ungarn 1956, Tschechoslowakei 1968, Polen 1981« – und fahre damit zu einer Demonstration nach Bern. Die Hausbesitzerin, eine Gymnasiallehrerin, macht mich darauf aufmerksam, dass einer Staatenlosen (ich hatte neunzehn Jahre lang den Reisepass der Genfer Flüchtlingskonvention) vom Gesetz her jegliche politische Initiative untersagt sei. Auf ihre kleinliche Art versucht sie, mich ins Dasein einer Nichtbürgerin zurückzustoßen.

Wie man sich als Einwanderin fühlt, hängt schließlich auch von der Bereitschaft des Gastlandes ab, ob es die Neuen als vollwertige Mitbürger begrüßt oder sie als Menschen zweiter und dritter Klasse behandelt. Wenn Einwanderern kein Zugang zum öffentlichen Raum zugestanden wird, können sie nach Hannah Arendt nicht frei sein. »Freiheit, frei zu sein« heißt bei dieser Philosophin, nicht nur frei von Furcht und frei von Not zu sein, sondern sich frei an den öffentlichen Angelegenheiten beteiligen zu können.

Schon verändert die Frauenbewegung das Land, die Schweizerinnen werden auf Demos laut und frech, in lila Klamotten fordern sie ihre Rechte ein, und ich finde eine Bewegung, mit deren Wut und Zielen ich mich solidarisieren kann.

Drei meiner Bücher erscheinen im ersten feministischen Schweizer Verlag.

Immer mehr Ausländerinnen und Ausländer kommen in die Schweiz, es zieht mich zu dieser lockeren Gemeinschaft von Menschen, die dieselbe existenzielle Fremdheitserfahrung kennen. Dabei übergehe ich schlicht jene, die kein Diplom in dieser Disziplin erworben haben, als wären wir ein exklusiver Club. Das erweist sich als Trugschluss, wie wenn man irgendwann feststellt, dass das gemeinsame Überleben eines Flugzeugunglücks nicht ausreicht, um dauerhafte geistige und emotionale Nähe zu stiften. Etliche meiner Landsleute grenzen sich ganz von neuen Einwanderern ab, vor allem von solchen aus anderen Kontinenten. Sich selbst betrachten sie als Gewinn für das Gastland, das sie patriotisch vor fremden Einflüssen beschützen wollen. Wahre Grenzwächter.

Die Emigrantenexistenz ist ein nie endender Prozess mit unerwarteten Phasen. Jeder und jede durchläuft sie verschieden lang und intensiv, auch wenn jemand eine neue Identität gefunden zu haben glaubt, kann diese wieder in sich zusammenfallen. Von Flüchtlingen, die der Unsicherheit, der Gewalt, der Armut entkommen sind und dann in Sicherheit und Wohlstand leben, hört man kaum Glücksbezeugungen. Den Einheimischen mag dies als unhöflich erscheinen, doch die Pflicht zum Glück gibt es nur in einer Diktatur. Nicht vor Glück glucksen zu müssen, ist ein Recht. Dieses Recht auf Missmut macht den Einheimischen niemand streitig. Also warum den Einwanderern?

Panorama-
blick

Die Idee, ein Interview mit Friedrich Dürrenmatt zu führen, hatte der Schriftsteller Igor Pomeranzew aus Kiew, der für den russischsprachigen Sender der BBC in London arbeitete. Dürrenmatt sagte mir am Telefon, er werde uns nur dann empfangen, wenn ihm unsere Fragen zusagten. Igor hat darauf Themen über russische Literatur vorbereitet, und ich wollte Dürrenmatt über seine Erfahrungen mit der Tschechoslowakei befragen. Er erklärte sich damit einverstanden.

Es war ein schöner Sommertag 1981, als wir an der Tür seines Hauses in Neuenburg läuteten. Eine ältere Frau öffnete, beruhigte die bellenden Hunde und führte uns in einen hellen Raum mit einem weiten Ausblick. Igor hielt sie für Dürrenmatts Ehefrau, beleidigt flüsterte er mir zu, sie habe uns gar nicht die Hand gegeben und es seien überhaupt arg patriarchale Zustände, denn die Frau verschwand wortlos in der Küche, statt sich zu uns zu setzen. Erst später erfuhr ich, dass es die Haushälterin gewesen war.

Dürrenmatt saß an einem langen Tisch, vorgebeugt mit verschränkten Armen verharrte er so während des ganzen Gesprächs. Er kam mir wie ein regloser Leguan vor. Umso lebendiger wirkte sein wacher, unsteter Blick. Ich dolmetschte für Igor ins Russische. Es war nicht einfach, denn Dürrenmatt hatte die Angewohnheit, so manchen Satz nicht zu Ende zu führen, er verließ den Gedanken in der Mitte und griff einen neuen auf, alles mit seinem charakteristischen behäbigen Schweizer Akzent.

Das Gespräch, das Igor für die BBC aufnahm, wurde nie ausgestrahlt, sein kleiner Sohn hatte mit dem Gerät gespielt und die Aufnahme gelöscht. Doch mein kurzes Gespräch, das sich auf derselben Kassette befand, blieb erhalten. Der tschechoslowakische Sender von Free Europe in München hat es in meiner slowakischen Übersetzung ausgestrahlt.

»Ich war während des Prager Frühlings in der Tschechoslowakei. Die Leute waren ungeheuer optimistisch. In Prag gab es eine sehr gute Aufführung meines Stückes *Die Wiedertäufer*. Das war ganz eindeutig gegen den Präsidenten Antonín Novotný gerichtet, mit seinem Bild auf den Plakaten. Es war frech. Ich weiß noch, wie ich meinen tschechischen Freunden sagte: ›Das kann schlimm enden.‹ Ich hatte ein unheimliches Gefühl. Und dann kam der Einmarsch. Danach war ich nicht mehr dort.«

Zwei Tage nach seiner Rede gegen die Okkupation im Basler Stadttheater, die am 8. September 1968 im Rahmen einer Protestveranstaltung mit Max Frisch, Günter Grass, Kurt Marti und Peter Bichsel stattfand, sei ein Literaturprofessor aus Kiew zu ihm gekommen, um ihm mitzuteilen, er könne gegen die Sowjetunion sagen, was er wolle, er sei dort immer herzlich willkommen. Daraufhin hatte ihm Dürrenmatt geantwortet, in dem Fall würde er nicht mehr hinreisen. Er hielt sein Wort.

Ich erzählte ihm, dass sein Theaterstück *Die Physiker*, das ich 1967 in einer Aufführung in Bratislava gesehen hatte, in der Sowjetunion verboten sei, weil es Ähnlichkeiten zwischen seinen Physikern und zwei verfolgten sowjetischen Physikern gebe – Juri Orlow, der eine Strafe im Gulag verbüßte, und Andrei Sacharow, der nach Sibirien verbannt worden war. Dürrenmatt sagte, er habe von diesem Verbot nichts gewusst. Und er freute sich gar darüber.

Auf die Angst der Kommunisten vor westlichem Einfluss reagierte er souverän:

»Ich finde es immer peinlich, wenn ein russischer Schriftsteller in den Westen reist, und dann wird er vom Schriftstellerverband ausgeschlossen. In Polen ist es auch sehr ungemütlich. Das letzte Mal bin ich nicht hingefahren, weil man mir gesagt hat, ich solle dann bitte nicht mit meinen polnischen Freunden reden.«

Doch Polen fand Dürrenmatt nicht so desaströs wie die Tschechoslowakei:

»Die Tschechoslowakei hat mich immer am meisten traurig gemacht. Das ist ein unerhörtes Land. Prag kam mir vor wie eine Stadt, die zerfällt. Sehr viele Leute können Deutsch und schimpfen auf das Regime, sagen offen ihre Meinung, auch der Taxichauffeur. Die Opposition gegen das Regime ist ungeheuer. Ich habe überhaupt niemanden getroffen, der für das Regime war. Das ist ganz grotesk. Ich war bei einem Jugendfest, alle liefen in irgendwelchen Uniformen herum, aber es gab keine Zuschauer. Man hat das Gefühl, dort herrscht eine total isolierte Regierung. Außer im Frühling 1968, damals war eine große Hoffnung in Prag, doch das war eine Ausnahme.«

Der besondere tschechische Sinn fürs Absurde, Makabre, für die Groteske müsse ihm nah sein, vermutete ich.

»Ja. Die Tschechen haben etwas von den Schweizern. Ich habe immer viel Ähnlichkeit gesehen, außer dieser Traurigkeit. Das Land tut mir immer leid, weil ich die Leute sehr liebe. Was mich immer beeindruckt hat, ist das tschechische Publikum. Das Publikum macht dort die Opposition, es wird hellhörig und verwandelt das Stück. Die Tschechoslowakei war einmal eines der modernsten Länder in Osteuropa.«

Auf die damals übliche Art schob Dürrenmatt diesen mitteleuropäischen Raum in den Osten, was für die Zwischenkriegszeit, von der er sprach, aber nicht zutrifft. Die Vorstel-

Der aus der Sowjetunion ausgebürgerte
Schriftsteller Igor Pomeranzew:
Mit ihm zusammen besucht die Autorin
1981 Friedrich Dürrenmatt in Neuenburg.

lung, die Tschechoslowakei gehöre zu Osteuropa, etablierte sich erst im Kalten Krieg, als sie in die sowjetische Einflusssphäre geriet. Heute definieren sich Tschechien und die Slowakei wieder als Mitteleuropa, im Westen spricht man allerdings von Mittelosteuropa.

Ich wäre gerne länger bei Dürrenmatt geblieben, doch der menschenscheue Igor bedankte sich und stand auf. Ich spürte, dass der gesprächige Gastgeber den ganzen Abend und vielleicht sogar eine lange Nacht für uns freigehalten hatte. Ein paar Flaschen Wein standen bereit, und er fing an, über die Mysterien des Weltalls zu sprechen, zeigte uns Bücher, Abbildungen von Galaxien und astronomische Geräte. Er ließ sich auch über den Computer aus, das sei die neue Gefahr, für die Wirtschaft könne es eine Katastrophe bedeuten. Er habe gerade ein Buch von Joseph Weizenbaum gelesen, der den Nachweis erbringe, dass die Computerwissenschaft vom Militär genutzt werde.

»Jede Rakete, die fliegt, ist ein Computer«, sorgte sich Dürrenmatt.

Noch lange saß ich dann mit Igor in einem Café am Ufer des Neuenburgersees, und wir redeten begeistert von diesem Schriftsteller, der so freundschaftlich zu uns gewesen war. Doch vor allem tat uns seine wohltuend kompromisslose Haltung den kommunistischen Diktaturen gegenüber gut. Igor war kurz davor als sowjetischer Dissident vor die Wahl gestellt worden: Gulag oder Ausbürgerung. Anders als viele linke Intellektuelle zeigte Dürrenmatt keine Nachsicht für den Realsozialismus, gleichzeitig scheute er sich nicht, sein eigenes Land zu kritisieren. Solchen Kritikern der hiesigen Zustände pflegten die selbstgerechten Antikommunisten arrogant zu empfehlen: »Moskau einfach!«

Dürrenmatt zeigte uns, dass es im Westen möglich war, ein kritischer Zeitgenosse zu bleiben, mit einem Panoramablick – nicht nur auf den Neuenburgersee.

Schreiben und Handeln

Meine Helden
und Heldinnen

»Es lebe die freie und unabhängige Tschechoslowakei«; »Schande den Okkupanten«; »Hände weg von der ČSSR«; »Freiheit für Dubček«; »Für eure und unsere Freiheit« – mit diesen Transparenten gingen am 25. August 1968 drei Russinnen und fünf Russen auf den Roten Platz, sie trugen sie versteckt unter der Kleidung, setzten sich auf die Treppe vor dem Kreml. Und dort, vor dem Zentrum der Macht, entrollten sie ihr Nichteinverständnis mit dem Akt der militärischen staatlichen Gewalt. Es waren die Dichterin und Polonistin Natalja Gorbanewskaja mit ihrem zwei Monate alten Sohn im Kinderwagen, die Linguistin Larissa Bogoras, die Studentin Tatjana Bajewa, der Linguist Wiktor Fainberg, der Bauarbeiter Wladimir Dremljuga, der Mathematiker Konstantin Babizki, der Mathematik- und Physiklehrer Pawel Litwinow sowie der Student und Dichter Wadim Delone.

KGB-Beamte und -Beamtinnen in Zivil kamen angerannt und gebärdeten sich als aufgebrachte Sowjetbürger, die lediglich ihr Vaterland verteidigten. Sie zerrissen die Plakate, schlugen auf die Demonstrierenden ein, und einer trat Wiktor Fainberg mit dem Fuß ins Gesicht. Danach lag Fainbergs Gebiss auf dem Roten Platz als Beweisstück für den Akt des freien Willens. Jene Millionen sowjetischer Bürger und Bürgerinnen, die ihre Zähne behielten, unterschrieben in den sozialistischen Betrieben der ganzen Sowjetunion vorgefertigte Erklärungen,

Protestierte 1968 mutig vor dem Kreml:
der Sowjetdissident Wiktor Fainberg
im französischen Exil.

in denen die Okkupation des souveränen tschechoslowakischen Staates als »brüderliche Hilfe« gutgeheißen wurde. Außer diesem spektakulären Akt der Zivilcourage auf dem Roten Platz kam es in einigen sowjetischen Provinzstädten zu kleinen spontanen Protestkundgebungen, die brutal unterdrückt wurden.

Als ich Wiktor Fainberg, der inzwischen ausgebürgert in Paris lebte, Anfang der Achtzigerjahre an einer Menschenrechtskonferenz in Zürich kennenlernte, lud ich ihn zu mir nach Basel ein, und an jenem Abend spielte er für mich die wichtigsten Minuten seines Lebens nach. Ich schaute dieser Inszenierung gebannt zu, stellvertretend für die Bevölkerung der zwangsnormalisierten Tschechoslowakei, die von der Aktion der Solidarität nichts erfahren sollte. Wiktor setzte sich auf den Boden in meinem Wohnzimmer, und als er von dem Tritt des KGB-Beamten in sein Gesicht erzählte, zog er theatralisch sein künstliches Gebiss heraus. Und er beteuerte, zwar psychisch gezeichnet, dass diese fünf Minuten der Freiheit es wert waren, fünf Jahre lang in der *psichuschka* zu schmachten:

»Ich habe mir bewiesen, dass ich inmitten des allgegenwärtigen Duckens als freier Mensch handelte.«

Er sah sich nicht als Opfer, denn hätte er sich als Opfer gefühlt, hätte er in seinem Verständnis aufgehört, ein Dissident zu sein. Er und seine Gesinnungsgenossen hatten beschlossen, das Undenkbare zu tun, sich unter der staatlichen Bevormundung als politische Subjekte zu äußern. Das KGB diffamierte sie als bezahlte CIA-Agenten und -Agentinnen. Sie strebten natürlich weder nach Ruhm noch nach Macht und schon gar nicht nach Geld.

Die Demonstranten wurden in einen schwarzen Wagen gestoßen und verhaftet, man durchsuchte ihre Wohnungen und beschlagnahmte das vorgefundene verbotene schriftliche Material, sogenanntes Samisdat. Lediglich Tatjana Bajewa, die auf Anraten der anderen sieben erklärt hatte, sie sei nur zufällig dabei gewesen, entkam einer Strafe. Daher spricht man von dieser Protestaktion als dem Aufstand der sieben und nicht der acht. Auch Natalja Gorbanewskaja wurde, da sie Mutter eines Säuglings war, zunächst verschont und wieder freigelassen, doch dann wurde sie für zwei Jahre ins psychiatrische Gefängnis zwangseingewiesen. Die anderen kamen jeweils für drei Jahre ins Straflager oder in die Verbannung nach Sibirien. Das war für die Protestierenden keine Überraschung. Sie erwarteten gar die Maximalstrafe – sieben Jahre Straflager mit anschließenden fünf Jahren interner Verbannung –, gemäß dem politischen Artikel 70 »antisowjetische Agitation und Propaganda«, nach dem man sie verurteilt hatte. Zudem wurden sie der »Störung der Verkehrsordnung« und des »Rowdytums« angeklagt und als Trunkenbolde bezeichnet.

Pawel Litwinow erzählt in einem Interview, er habe eher Euphorie über den eigenen Mut als Angst vor der Strafe empfunden. Die Gruppe handelte nicht in einem Vakuum, sie war eingebettet in einen kleinen Kreis von Gleichgesinnten, der als »Dissidentenbewegung« bekannt wurde und im Westen viel Beachtung fand. Die Demonstration auf dem Roten Platz war der Höhepunkt dieses neuen Phänomens.

In den Sechzigerjahren herrschte in der Sowjetunion nicht mehr die stalinistische Massenrepression. Nachdem Nikita Chruschtschow 1956 am 20. Parteitag der KPdSU in einer stundenlangen Rede Stalin kritisiert hatte, verschwanden Menschen nicht mehr willkürlich, sondern selektiv. Das erst ermöglichte die Entstehung der Dissidentenbewegung. Diese nahm 1966 ihren Anfang mit dem Prozess gegen den Schriftsteller und Literaturwissenschaftler Andrei Sinjawski und den Dichter Juli Daniel, die bereit waren, für den eigenen Standpunkt öffentlich einzustehen und ihn nicht zu widerrufen. Sinjawski kam für sieben, Daniel für fünf Jahre in den Gulag.

Sieben Jahre Gulag für die Verteidigung
der literarischen Freiheit:
Der russische Schriftsteller Andrei Sinjawski
beim Interview in seiner Pariser Wohnung 1981.

Ich interviewte den ausgebürgerten Sinjawski 1981 in Paris, und er sagte mir, dass sein Auftritt an dem Prozess der Überzeugung galt, die Literatur dürfe nicht nach juristischen Kriterien beurteilt werden. Ein höchst politischer Akt, denn die Literatur diente der kommunistischen Propaganda als Magd. Sinjawski und Daniel eroberten für sich ihre Souveränität zurück und höhlten dadurch die Diktatur aus. Ja, sie waren für das Regime gefährlich. Ihre Tat zog Kreise.

»Für eure und unsere Freiheit«, hieß ein Bonmot, mit dem im 19. Jahrhundert die Emigranten aus dem besetzten Polen miteinander anstießen – dafür kamen Gorbanewskaja und Fainberg als Geisteskranke in die Zwangspsychiatrie, wo sie mit Neuroleptika wie Haloperidol behandelt wurden, die Halluzinationen und Schmerzen hervorrufen. Die mit Gitter und Stacheldraht abgesicherten psychiatrischen Spezialkliniken waren die schrecklichsten Haftanstalten innerhalb des Gulags.

Im Serbski-Institut für Gerichtspsychiatrie in Moskau wurden psychiatrische Gutachten nach Anordnung von oben fabriziert. Der Leiter des Instituts, der Psychiater Andrei Sneschnewski, Initiator der Moskauer Psychiatrieschule, erfand für die politischen Abweichler eine neue Krankheit – die sogenannte schleichende Schizophrenie – und behauptete, dass »Reformwahn« ein sicheres Anzeichen für Schizophrenie sei. So jemand gehörte eingesperrt, musste das Zimmer mit wirklichen Geisteskranken teilen. Wer sich dagegen wehrte, bekam eine Zwangsjacke verpasst, nasse Wickel und Elektroschocks.

Es dauerte Jahre, bis die amerikanischen und britischen Mitglieder des Psychiatrie-Weltverbandes einen Antrag auf Ausschluss der sowjetischen Psychiater stellten. 1983 traten diese aus Empörung über den Antrag selbst aus dem Weltverband aus. Der britisch-amerikanische Sowjetologe Peter Reddaway war der Mitbegründer der Internationalen Vereinigung gegen den politischen Psychiatriemissbrauch (IAPUP), ich interviewte ihn in London und wurde selbst IAPUP-Mitglied.

In den Siebziger- und Achtzigerjahren setzte ich mich in der Schweizer Sektion der internationalen Gefangenenhilfsorganisation Amnesty International für die Freilassung von sowjetischen Gewissensgefangenen ein, koordinierte Aktionen und übersetzte Briefe ins Russische, die unsere Gruppen ins politische Straflager Perm 37 in den Ural schickten, auch Briefe an Breschnew, unzählige Briefe, denn es wäre sinnlos gewesen, in der Demokratie zu leben und die Verfolgten hinter dem Eisernen Vorhang zu vergessen. Aus dem Russischen übersetzte ich wiederum Auszüge aus der *Chronik der laufenden Ereignisse*, die regelmäßig als Samisdat-Publikation erschien. Ihr Konzept waren komprimierte, nüchterne Nachrichten aus dem politischen Gulag, über Hungerstreiks von politischen Gefangenen, über die Verlegung in den *karzer*, wo die Häftlinge mittels Kälte und Hunger gefoltert wurden, über den Entzug des Besuchsrechtes und die physische Gewalt der kriminellen Häftlinge an den politischen, die die Gefängnisverwaltung organisierte. Ich übersetzte spätabends, wenn unser Sohn schlief, und mein deutscher Mann war irritiert von dieser Nähe zu den fernen Helden und Heldinnen.

Gegen die Okkupation der Tschechoslowakei zu protestieren, hieß für die sowjetische Psychiatrie, »ein realitätsfremdes messianisches Verhalten« an den Tag zu legen. Dabei obendrein zu wissen, dass auf die Demonstration auf dem Roten Platz drakonische Strafen folgen würden, bedeutete »krankhaftes Märtyrertum«. Das sowjetische System entledigte sich der kritischen Geister, indem es die eigene Schizophrenie auf jene projizierte, die seinen Wahnsinn entlarvten, und so konnte es ungehindert weiter der Pathologie frönen.

Im Westen suchte ich die Ausgebürgerten auf, dolmetschte sie an Menschenrechtskonferenzen, und meine Interviews mit ihnen erschienen in deutschsprachigen Medien. So fing ich an, als Journalistin zu arbeiten. Ich fragte sie auch danach, woraus sie ihre Standhaftigkeit geschöpft hatten, forschte nach der inneren Kraft unter extremen Bedingungen. Was für eine Ironie des Schicksals, dass mir ehemalige politische Gefangene die frohe Botschaft von der Existenz der inneren Freiheit, die in der Unfreiheit gediehen war, in die Demokratie brachten!

Als ich nach der Perestroika 1992 zum ersten Mal nach Russland fahren konnte, machte ich eine Reportage über meine Wahlverwandten. Nun konnten sie legal arbeiten. Ich dankte Larissa Bogoras persönlich für ihren Protest auf dem Roten Platz, traf auch Alexander Podrabinek, den Verfasser des Buches *Die Strafmedizin* über den sowjetischen Psychiatriemissbrauch, der in seiner neu gegründeten Zeitung *Express-Chronik* den Oppositionellen in anderen ehemals sowjetischen Republiken viel Platz einräumte:

»Die Sowjetunion ist zerfallen, aber ich setze mich im relativ freien Moskau für jene ein, mit denen wir die Schrecken des Sozialismus miterlebt haben und die heute in ihren Ländern verfolgt werden. Ich fühle mich weiterhin zuständig für sie.«

Das ist das »Wir« der Dissidentenbewegung, diese Freundschaft, die den öffentlichen Raum beansprucht und in Sorge füreinander lebt, weil man durch gemeinsames Handeln verbunden ist. Wir, gewöhnliche Bürgerinnen und Bürger, können jederzeit mitentscheiden, wen wir achten und wen ächten wollen. Der Einzelne kann den ewig scheinenden Kreis der Mutlosigkeit sprengen. Die Dissidenten und Dissidentinnen waren zwar ausgeprägte Persönlichkeiten, doch sie waren nicht allein, sie gehörten zu einer kleinen geistigen Familie. Alexander Podrabinek formulierte es so:

»Das Dissidententum war bloß für einen engen Kreis von Intellektuellen, die ein empfindsames Gewissen haben, eine moralische Orientierung. Aber es reichte aus, um den moralischen Zustand der Gesellschaft zu bestimmen.«

Tatjana Welikanowa, eine Mathematikerin mit langjähriger Hafterfahrung, erinnerte sich:

»Im August 1968 fragten meine Freunde: Hast du es gehört? Sie sind in die Tschechoslowakei einmarschiert. Und ich antwortete: Nicht sie, sondern wir sind einmarschiert. Für mich gab es immer das Wir. Wir sind für alles verantwortlich.«

Natalja Gorbanewskaja, die ich in den Achtzigerjahren aus Paris, wo sie inzwischen lebte, zu einer Veranstaltung über den politischen Psychiatriemissbrauch ins Basler Theater einlud und ihren Bericht über die Zustände in der geschlossenen Frauenabteilung der *psichuschka* dolmetschte, zeigte keine Wehleidigkeit, sprach kaum von erlittenen Qualen, sondern sorgte sich um die weiterhin inhaftierten Frauen: ihr Herz, ihre Gedanken waren dort geblieben.

Es war eine Genugtuung und Ehre für mich, dass ich 2010 am Zentraleuropäischen Forum in Bratislava im Namen der Bevölkerung der Slowakei die Dankesrede für Wiktor Fainberg und Natalja Gorbanewskaja halten durfte, während sie neben mir auf dem Podium saßen.

Ich schloss meine Hommage mit den Worten:

»Wenn heute Natalja und Wiktor durch die Straßen von Bratislava gehen, wünsche ich mir, dass die Passanten sie als Teil unserer Geschichte erkennen, in die sie sich mit ihrer Tat selbst eingeschrieben haben. Ich wünsche mir, dass wir unsere Sinne für das Erkennen von echten Freunden und Freundinnen schärfen.«

Es mag heroisierend wirken, wie ich über meine Helden und Heldinnen denke und schreibe. Ich will ihnen die verdiente Anerkennung zukommen lassen. Es waren konsequent handelnde Menschen mit Durchhaltevermögen, deren Ehrgeiz darin bestand, Techniken zur Bewahrung der inneren Freiheit zu entwickeln, die eigenen Überzeugungen trotz Gefahr zu verteidigen, um der Gesellschaft zu dienen. Und dieses Ziel haben sie erreicht. Die Haft war für sie keinesfalls Niederlage, sondern die Folge ihres freien Handelns, die sie einberechnet hatten. Das beeindruckte mich, gab mir geistige Orientierung und Kraft, meinem Gewissen zu folgen.

Samtene oder
sanfte Revolution

Abend für Abend wälzt sich über den Fernsehbildschirm das Glück. Ein skandierendes. Es schwillt an. Zweihunderttausend, fünfhunderttausend, eine Million in Prag. Die längste Woche der Emigration. Wo ist der Ausweg aus diesem Monolog vor dem Fernseher? Dubček spricht in Bratislava auf einer schnell errichteten Tribüne. Alles war schon einmal da, Dubček hat dasselbe breite Lächeln. In den letzten Jahren hat mein Heimweh eine Dauerbleibe in der Ferse bekommen. Auf einmal beginnt die Ferse zu kribbeln, sie war eingeschlafen, nun strömt das Blut zurück.

Ein tschechischer Freund in Basel ruft an:

»Wir müssen etwas tun.«

Zum ersten Treffen kommen so viele, dass keine Kneipe uns aufnehmen kann, wir belagern ein McDonald's-Lokal.

»Dieses Symbol des Kapitalismus ist ein unwürdiger Ort für einen historischen Augenblick«, meint jemand, und ein anderer kontert:

»Unsere Geschichte war schon immer tragikomisch.«

Eine zufällige Gruppe von Landsleuten, die sich kaum kennen. Eine Auswahl von Sensiblen. Zögernd, fast zärtlich, sprechen wir zueinander in unseren wiederentdeckten Sprachen.

Jemand äußert die stumme Befürchtung aller:

»Sie machen die Revolution ohne uns.«

Ein anderer sagt:

Irena Brežná im »Revolutionsmantel«
im McDonald's in Basel:
Hier treffen sich tschechoslowakische
Emigrantinnen und Emigranten
während der Samtenen Revolution 1989.

»Ich habe mit dem Prager Bürgerforum telefoniert. Sie brauchen ein Faxgerät.«

Der leisen Stimme folgen Banknoten, entschlossen herausgenommen, drehen sie sich in der Luft, in eleganten Bögen fliegen sie, mit ihnen fliegen unser Schuldgefühl und unsere wiederentdeckte Liebe, fliegen die Vorboten unser selbst. Auch Bratislava und Košice brauchen Faxgeräte. Innerhalb von drei Tagen ist das Geld für drei Geräte bereit.

In den folgenden Tagen ist das Telefon unser Partner, unser Ventil. Noch sind die Grenzen dicht. Wir sammeln Unterschriften für eine eilig ausgearbeitete Resolution, die die Aufhebung des Gesetzes über die Republikflucht und freie Einreise für Emigranten fordert, aber die Ereignisse überstürzen sich.

»Hast du das Neueste gehört? Die tschechoslowakische Botschaft erteilt uns ein Visum.«

Im Dezember 1989 herrscht im Warteraum der Botschaft in Bern ein fröhliches Gedränge. Die Viertelstunde Warten, nachdem ich den Schweizer Pass abgegeben habe, gehört den Zweifeln einer Ungläubigen. Mein Vater hat mich gewarnt: »Du kriegst das Visum nicht, sie haben eine dicke Akte über dich.« Dann, an der Sonne, betaste ich zärtlich den Visumstempel.

Die Koffer sind gepackt. Vor Ladenschluss kaufe ich einen dunkelgrünen, langen Mantel im Stil der russischen Revolutionäre. Ich fahre in die Revolution. Eine Schweizer Zeitschrift will von mir eine Reportage über die Rückkehr.

Eine slowakische Freundin übergibt mir die behutsam eingepackten Faxgeräte am Flughafen und sagt:

»Es ist, als würde ich mitfahren.«

Ich fühle mich wie James Bond mit Spezialauftrag.

»Sag ihnen, dass wir ihre Schuldner sind, die nun gerne die Schulden zurückzahlen möchten«, trägt mir ein Tscheche auf.

Im Flugzeug schaut sich der beleibte Steward bloß flüchtig die Bordkarte an. Sein Blick bleibt ohne Umschweife an meinem Busen hängen. In der Flugzeugtoilette duzt eine Anschrift die Passagiere auf Tschechisch: »Drücke den Hebel hinunter!« Brüchig ist das dünne Plastik der Klapptische, abgenützt sind die Sesselüberzüge, vergilbt die Polyestervorhänge, krumm die Nahtstellen an den Wänden. Der Übergang von Zürich nach Prag beschäftigt zunächst die Sinnesorgane. Die Wahrnehmung der Beschaffenheit der Hülle: Glatt, glänzend, geebnet ist sie in der Schweiz. Gut geschützt der Inhalt. Gut bezahlt die Fassadenbauer. Aus dem Mund wohlüberlegter Anstand. Nicht angreifbar. Die Flugstunde bremst die Euphorie der letzten Tage. Der Rhythmus stockt, eine neue Melodie wird zaghaft eingeübt.

Ankunft in Prag: ein Kulturschock. Flüsternde Menschen, die leise auftreten, als hätten sie keinen Erdkontakt. Welche Mutation haben sie durchgemacht? Verkommen ist die Goldene Stadt, stöhnt, geduckt unter dem gelblichen Smog. Es atmet sich schwer, wie in einer riesigen Halle, wo rund um die Uhr böhmisches Glas für den Export geschliffen wird. Demütig schluckt man Glasstaub. Die ersehnten Revolutionäre tragen dicke, grau melierte Pullover. Sie sehen darin aus wie Wesen mit struppigen, vor Kälte abstehenden Fellen, sie riechen nicht nach der Wildnis der Revolution, sondern nach Mamas Küche. Wie großartig, dass es laute Demonstrationen gibt, die die Schäbigkeit zudecken.

»Eine Dame aus der Schweiz ist da. Wir müssen sie gut unterbringen«, sorgt sich eine Aktivistin vom Bürgerforum und führt mich in die Oase ihres Heims mit dem Gebot der Reinlichkeit und einer Ästhetik à la Schöner Wohnen. Im Badezimmer stehen wie Schutzengel des Hauses farbige Produkte westlicher Marken: Nivea-Crème und Schwarzkopf-Schampoo.

»Mein Mann hat sie mir vor Jahren aus Deutschland mitgebracht. Sie sind längst aufgebraucht, ich fülle sie nach mit einheimischen Substanzen. Ich habe es gerne schön.«

Jemand hat hier Potemkinsche Dörfer gebaut, ist zur Anbeterin fremder Götter geworden. Ist ästhetischer Genuss ein Menschenrecht? Mittelosteuropa vermutet unter dem Hochglanzpapier Würde, Schönheit, Leben an sich. »Wir haben die Welt nicht gesehen. Dafür alles für das Heim.« Intensives häusliches Basteln war die Einspurbahn für vielfältige Talente. Meine hier gebliebene Generation hat den Rückzug ins behagliche Private angetreten. Fenster zu, draußen herrschte die hässliche Hydra.

In der Schweiz besuchten mich Landsleute, die wie ein einziger Mund an ihrem Thema herumkauten:

»Wieder gibt es kein Toilettenpapier, hygienische Binden kriegt man nur durch Beziehungen, die Steaks sind mit Speck durchzogen, die gute Qualität wird ja exportiert…«

Nur meine Cousine sagte unverblümt:

»Roter Terror. Zum Kotzen sind ihre Lügen.«

Schon wollte ich mit der echt Leidenden mitfühlen, doch gleich klagte sie weiter:

»Seit Jahren finde ich keinen weißen Spray, um einen Kratzer an meiner Waschmaschine zu übersprühen.«

Der monotone Redefluss der Belanglosigkeiten übertünchte das Wesentliche. Die schwere Klage, die es mit dem Sprengen der Dämme an die Oberfläche gespült hat:

»Wir wurden um das Leben betrogen.«

Die Gefängnisterminologie drängt sich auf. Man spricht vom Westen als vom »Draußen«. Die Freiheit bedeutet, nach »draußen« gehen zu können und nach den Maßstäben dieses »Draußen« leben zu können.

Das mittelosteuropäische Gesicht war nur für den Westen osteuropäisch, seine Augen blickten nach Westen. Der Westen, eine kokette Primaballerina, brauchte die Augen der anderen Welt höchstens zur Selbstbespiegelung. Auf einmal hält der Westen inne, dreht sich Richtung Osten um, wird für eine Weile zum Publikum, das verzückt klatscht. Ein freundliches, charmantes Lächeln für die Mittelosteuropäer, die man ohne Stacheldraht und Mauer besser sieht, die den Westeuropäern frontal schon immer zugewandt standen.

Ich stelle das Faxgerät vor den Pressechef des Prager Bürgerforums. Er, von Beruf Journalist, durfte wie viele Intellektuelle aus dem Bürgerforum nur als Heizer arbeiten.

Ich überbringe ihm die Botschaft:

»Wir sind in eurer Schuld...«

Er winkt ab:

»Wir sind es, die in eurer Schuld stehen, weil wir nicht schon früher versucht haben, alles zu tun, damit ihr zurückkehren könnt.«

Während Václav Havel im Nebenzimmer mit einem Nickerchen die Revolution unterbricht, spricht der Pressechef stolz vom Streik der Künstler und Künstlerinnen des Nationaltheaters. Auf dem Wenzelsplatz sind überall Plakate und brennende Kerzen. Ich glaube es langsam: Die Tschechoslowakei wird frei. Parolen, die hier einen lebendigen Inhalt haben: Freiheit, Demokratie, Pluralismus, Wahrheit, Gewaltlosigkeit, Samtene Revolution, vereintes Europa ... Die Marschierenden verlangen skandierend einen neuen Präsidenten: »Havel auf die Burg!« Ein Plakat gibt Anweisungen zum Dialogführen: nicht emotional werden, den Gesprächspartner als Person nicht ablehnen, sich Zeit nehmen. Im Bürgerforum ist das Dialogführen schon Wirklichkeit. Eine am Telefon dienstuende Studentin geht mit Engelsgeduld auf die Vorwürfe der aufgebrachten, schlecht informierten Menschen ein.

Fahrt in die Slowakei. Ich küsse nicht den heimatlichen Boden, er ist getränkt von allerlei Umweltgiften. Hier heißt die Revolution »sanft«. Ich irre durch Bratislava. Die Stadt erscheint wie zerbombt von Schlamperei und Lieblosigkeit. Ich finde einen Ausweg und verwandle mich von einem sehenden in ein hörendes Wesen: Die Begegnung mit der Muttersprache nach über zwei Jahrzehnten ist ein aufwühlendes Ereignis. Ich spreche viel, egal, worüber, fühle mich angezogen vom Mut der slowakischen Sprache zur Weichheit und erwarte harsche Zurechtweisung: »Übertreibe nicht«, aber nein, meine Vorstellung von der Muttersprache fällt nicht auf, sie passt in die Norm.

Im Bürgerforum in Bratislava, das dort »Öffentlichkeit gegen Gewalt« heißt, übergebe ich das Faxgerät einer Schlafwandlerin.

»Seit einem Monat schlafen wir nicht mehr«, wird mir erklärt.

In den Büros, in den Gängen ist ein Gewusel. Eine Demonstration wird vorbereitet und der Stacheldrahtzaun bei Bratislava niedergerissen.

Der Witz der Stunde:

»Ich fahre zum Kaffeetrinken nach Wien, nehme eine Thermosflasche mit und trinke sie dort aus.«

Am Flughafen in Košice holt mich ein ehemaliger Arbeiter mit steifem Bein ab und eine Studentin.

»Im Bürgerforum arbeiten Studentinnen, Künstler und Invalide. Wer sonst hat denn Zeit?«, sagen sie.

Dorffrauen in ostslowakischer Tracht, in vielen kurzen plissierten Röcken und einer schwarzen Kopfbedeckung, kommen aus ihren Dörfern ins Bürgerforum, bringen Eier, Brotlaibe, weinen und erzählen, was ihnen die »kommunistische Mafia, die roten Feudalherren« – so nennen sie die untergehende Herrschaftsklasse – angetan haben. In der Ostslowakei, diesem Sizilien der Tschechoslowakei, haben die kommunistischen Clans die Macht immer noch fest in den Händen, schüchtern die Reformwilligen ein.

Prophetisch verkündet ein Transparent:

»Am schwersten wird es sein, die Denkmäler in unseren Hirnen umzustürzen.«

In Košice ist das Faxgerät mehr als ein Kommunikationsmittel, um die Aktionen mit Prag und Bratislava zu koordinieren.

»Kam unsere Welle bis zu euch? War sie wirklich so groß?«

»Eine Flutwelle war das«, bestätige ich freudig.

Nun gehört Košice zur Welt. Wie gut, dass das Gerät nagelneu ist und schick aussieht. Unwichtig, dass die Automatik nicht voll ausgeschöpft werden kann und dass das Modell im tschechoslowakischen Telefonnetz noch unzulässig ist. Ein Porträt von Václav Havel wird als erste Faxprobe nach Bratislava geschickt. Havel kommt an. Danach wird das Gerät in einem Sonderzimmer eingeschlossen.

Nach meiner Rückkehr nach Basel eile ich zur Sitzung unserer Gruppe. Erst zwei Wochen sind vergangen, und aus der »Auswahl von Sensiblen« sind tüchtige Pragmatiker geworden, die eine Art Transportunternehmen für Kopier- und Druckmaschinen auf die Beine gestellt haben. Sie sind sachlich. Es wird gearbeitet. Auf dem Konto »Für eine freie Tschechoslowakei« wurde genug Geld für zwei Computer gesammelt, die für die Vorbereitung von freien Wahlen gebraucht werden.

Ein slowakischer Ethnologe in Basel fragt mich:

»Sind wir, die Emigranten, das zukünftige Ich Mittelosteuropas? Sind wir, die von ihnen abstammen und im Westen Fuß gefasst haben, Garanten dafür, dass auch sie es schaffen werden, die Demokratie, den Reichtum? Hast du sie dort gesehen, diese Hoffnung?«

Doktor
und
Raucher

Dank der Öffnung der Archive der tschechoslowakischen Sicherheitspolizei ŠtB betrete ich im Jahr 2006 ein Gebäude in der Altstadt von Bratislava, den Sitz des Institutes für das nationale Gedächtnis (ÚPN). In einem kahlen Raum mit vergitterten Fenstern – nur ein Tisch und drei Stühle, keine Bilder, keine Ablenkung – werden mir zwei Akten ausgehändigt: die 64-seitige Akte »Laco« (der Vorname meines Vaters) mit dem Vermerk »Streng geheim« und die Akte mit dem Decknamen »Doktor«. Die Letztere beinhaltet die Agententätigkeit meines Vaters in den Jahren 1966–68 und löst bei mir einen Schock aus.

Die Sekretärin tröstet mich:

»Sie alleine wissen, wer Ihr Vater war, Sie kannten ihn besser, als es in der Akte steht.«

Jene Seite, die die Akte offenbart, kannte ich nicht. Ich fühle mich betrogen von einem Vater, der stets vorgab, lediglich ein Opfer der kommunistischen Verfolgung gewesen zu sein, und der mich wegen meiner Ansichten als »rot« beschimpfte. Während der letzten Jahre seines Lebens wollte er mich nicht mehr sehen. Nach meiner Geburt hatte er seine Anwaltskanzlei nicht weiterführen dürfen, doch er fand einen Ersatz für die gekappte Karriere: Als zweifacher slowakischer Tennismeister aus der Kriegszeit trieb er weiterhin leidenschaftlich Sport. Rackets, Tennisbälle und Siegespokale waren seine geheilig-

"AGENT"

MINISTERSTVO VNITRA

PRÍSNE TAJNÉ

"DOKTOR"

KS SNB-Správa Štátnej bezpečnosti
Bratislava

9717

Registračné číslo

ÚSTAV PAMÄTI NÁRODA
SLOVENSKEJ REPUBLIKY
STUPEŇ UTAJENIA ZRUŠENÝ
podľa § 7 zákona NR SR č. 215/2004 Z.z.
Dňa: 2 5 AUG. 2004
Popis:

Zaveden dne 23.2. 1965

Ukončen dne ......29. júna 1970

Ústav pamäti národa v Bratislave
Sekcia sprístupňovania dokumentov
potvrdzuje, že
kópia v počte strán/listov ......20......
podľa z.zák. 553/2002 je reprodukciou archívneho dokumentu
uloženého vo fonde ..KS ZNB MB/A Nava....
pod signatúrou: k - 9717
V Bratislave, dňa ......22.04.2006..
Číslo: 97 4/05-50 v) . Zodp. pracovník

Archivní číslo **3784**

A 25694

Die Akte »Doktor«: Das vom Geheimdienst ŠtB
angelegte Dossier über die Agententätigkeit
des Vaters in den Sechzigerjahren.

ten Gegenstände. Dem Tennis ordnete er alles unter, wegen seiner Tennisleidenschaft wurde er erpressbar.

Aus der Akte geht hervor, dass er im Januar 1966, bevor er für einige Wochen als Tennistrainer nach Österreich und später nach Wuppertal reiste, »auf freiwilliger Grundlage zur Zusammenarbeit« mit der ŠtB eingewilligt hatte: »Er ist eine geeignete Person, um auf der ›Basis Österreich‹ Personen und Emigranten zu überprüfen.« Und dem Wunsch des frischgebackenen Agenten wird entsprochen: »Über die Kontakte mit den Organen des Innenministeriums wird Schweigen bewahrt, da man ihn sonst in seinem Bekanntenkreis anders als bisher sehen könnte.«

Die Lebenslogik ist nicht ohne Ironie. Der »Doktor« wurde fast zwei Jahrzehnte später von seinem eigenen ehemaligen Tennisschüler ausspioniert, der wiederum so gerne in der Schweiz und in der BRD Tennis spielen wollte. Mein Vater quartierte ihn 1984 bei sich in Basel ein, ermöglichte ihm, bei einem Tennisturnier in Baden-Baden zu spielen, und machte ihm Geschenke. Als Bedingung für die Ausreise des Agenten mit dem Decknamen »Fajčiar« (Raucher) wurde von der ŠtB in Košice die Akte »Laco« angelegt – ein dämlicher Krimi ohne Verbrechen und ohne Auflösung.

Darin werden vom »Raucher« Verdächtigungen über mittelosteuropäische Emigranten rund um die Tennisplätze des Basler Pharmakonzerns Sandoz (heute Novartis) im Elsass und in Baden-Baden kolportiert sowie private Details aus unserer Familie. Auch von meiner damaligen Arbeit bei Amnesty International zugunsten von sowjetischen politischen Gefangenen (AI wird darin als ein Verein von russischen Emigrantinnen bezeichnet) und von meiner Radiosendung über die Slowakei im tschechoslowakischen Exilsender Free Europe wird berichtet. Vage Vermutungen wechseln sich mit Nichtssagendem ab. Der Gang zum Telefon, der Restaurantbesuch oder das

Einschalten des Fernsehapparates werden minutiös beschrieben. Alles im Westen wirkt mysteriös.

Nach dieser verstörenden Lektüre rufe ich den einstigen Spitzel in Košice an, und er weist mir klar den Weg der Versöhnung:

»Es waren schreckliche Zeiten, ich gehe täglich zweimal in die Kirche, mache Wallfahrten, hatte einen schlimmen Autounfall, trage noch Folgen davon, und es quält mich die Vorstellung, meine Töchter könnten einmal erfahren, was ich getan habe. Ihr Herr Väterchen war für mich das Vorbild eines großen Sportlers, und ich habe ihn so hintergangen! Er ist also kürzlich gestorben, sagen Sie. Mein aufrichtiges Beileid.«

Die Grenzen zwischen Täter und Opfer zerfließen, Peinlichkeit breitet sich aus. Wie viele solcher Gespräche finden wohl seit der Öffnung der Archive in der Slowakei statt?

Der »Raucher« erklärt, er sei bemüht gewesen, seine westlichen Erlebnisse spannend zu schildern, da er vorhatte, am Tennisturnier im nächsten Jahr teilzunehmen. Aber dann habe ihn der Schrecken über sein Tun befallen, und er habe den Tennisschläger endgültig in die Ecke geworfen. Bei diesen Worten verfällt er wieder dem Selbstmitleid. Ich konfrontiere ihn mit folgendem Akteneintrag: »Die Meinung der Quelle (des ›Rauchers‹) ist, dass Dr. iur. Ladislav Brežný wahrscheinlich die Rolle eines Begutachters für den Feind spielt, d. h., dass er die tschechoslowakischen Bürger, die in die Schweiz und in die BRD reisen, selektiert.«

Diese gewagte Vermutung, dass mein Vater zum Agenten der Westmächte mutiert sei, wehrt der »Raucher« vehement ab:

»Diese Schlussfolgerung haben sich die ŠtB-Leute aus den Fingern gesogen.«

Die Akte »Laco« wird im Dezember 1985 von einem ŠtB-Oberleutnant mit dem Vermerk geschlossen:

»Es wurde nicht bewiesen, dass die überprüfte Person eine

Straftat nach Artikel 122 StGB (Verletzung des Wirtschaftsge-
heimnisses) begangen hatte.«

Der »Raucher« klagt am Telefon über das schwere Agenten-
leben. Seine Ehefrau habe ihn der Untreue verdächtigt, da er
sich wöchentlich in verschiedenen konspirativen Wohnungen
mit seinen Kontaktpersonen traf. Auch sei auf ihn ein Freund
angesetzt worden, der sich ihm jedoch damit anvertraut hatte,
sodass sie dann gemeinsam die Informationen besprachen, die
der Freund melden sollte. Wieso hat mein Vater, der doch die
Bedingungen zur Ausreise kannte, keinen Verdacht geschöpft?

»Ihr Herr Väterchen wusste von meiner tiefen Religiosität
und dass ich deswegen Schwierigkeiten mit dem Regime hatte.
Die ŠtB hat darauf gesetzt, dass Ihr Vater mir deshalb voll vertrauen würde«, seufzt der »Raucher«.

Auch sei er familiär belastet gewesen, sein Vater, ein slowakischer Ungare, sei im Krieg ein Anhänger des ungarischen
Hitler-Verbündeten und Staatschefs Horthy gewesen. Die ŠtB
nutzte die faschistische Vergangenheit aus, um auf den Sohn
Druck auszuüben.

Während die ältere Generation in der Slowakei bei der Ak-
tenlektüre von Beklemmungen heimgesucht wird, löst die po-
lizeiliche Schundliteratur bei den Jüngeren ungläubiges Ge-
lächter aus. Dass ich mit dem Ex-Spitzel überhaupt sprechen
konnte, verdanke ich der großzügigen Offenlegung der Akten
– kein Name, keine Angabe ist darin eingeschwärzt. Und man
ist bereit, die Identität, die sich hinter dem Decknamen ver-
birgt, auf Wunsch mitzuteilen. Wenn die Schnüffelei allerdings das Opfer ins Gefängnis gebracht oder seine Karriere
ruiniert hat, geht es wohl kaum so gesittet zu wie bei meinem
Plaudern mit dem redseligen »Raucher«.

Auf der Website des Institutes für das nationale Gedächtnis
(www.upn.gov.sk) kann man beim Eintippen eines Namens erfahren, ob es zu dieser Person Akten gibt – als Agent, Infor-

mant, Vertrauensperson oder sonstiger Mitarbeiter der ŠtB oder als beobachtete Person. Diese Angaben lösten in der Slowakei auch Empörung aus, da zwischen einem Agenten, der anderen massiv geschadet, und jemandem, der das Spiel geschickt mitgemacht hat, nicht unterschieden wird. Selbst wenn ich Verständnis für die letztere, »harmlose« Agententätigkeit für die mitnichten harmlose ŠtB aufbringe, die Frage bleibt: Mussten sich wirklich alle, die damals ins kapitalistische Ausland reisen wollten, anwerben lassen?

Der knapp dreißigjährige ÚPN-Mitarbeiter, der ehemaligen Agenten und Opfern ihre Akten aushändigt, sagt mir:

»Sie mussten es nicht tun.«

Eine dreiundvierzigjährige Verlegerin meint wiederum, der ÚPN-Mann sei zu jung, um zu wissen, wie vertrackt damals alles war.

Ein achtzigjähriger Jugendfreund meiner Eltern zeigt Nachsicht:

»Ihr Vater war ein anständiger Mensch, er meldete doch nur Unverfängliches, um die ŠtB hinters Licht zu führen.«

Tatsächlich steht in der Akte »Doktor« auf der letzten Seite:

»Es handelt sich nicht um einen Mitarbeiter, der sich als eifrig zeigen würde und der auch dermaßen kompromittiert wäre, dass man es gegen seine Person verwenden könnte. Aufgrund seiner Meldungen wurde keine Person überführt.« Für seine Spitzeldienste habe der »Doktor« »weder Geld noch Wertsachen erhalten«, seine »Personenbeschreibungen waren oberflächlich«.

Die Auseinandersetzung mit den Akten hilft mir, besser zu verstehen, aus welcher Quelle das Misstrauen meines Vaters gegenüber den Menschenrechtlern in der Sowjetunion gespeist wurde. Meine Ersatzvateridole waren bereit, für ihren Standpunkt jahrelang im Gulag zu schmachten. Machte das meinem Vater seine eigene Schwäche bewusst? Er ging auf

Distanz zu mir. Wie schön wäre es gewesen, wenn er mich damals in den späten Sechzigern an seinen Zweifeln hätte teilnehmen lassen: Soll ich Komplize der Macht werden? Und ich hätte gesagt: Nein. Und so hätten wir keinen Škoda gehabt, dafür ich einen Vater und er eine Tochter. Das ist allerdings eine Hypothese, die ich Jahrzehnte später leicht aufstellen kann. In jener Zeit lebten wir in der Kultur des Schweigens, es war nicht üblich, über wichtige Dinge zu reden, und schon gar nicht mit den Kindern.

Am Ende seines Telefongestammels lädt mich der »Raucher« überschwänglich nach Košice ein, wie es der auf Harmonie bedachten slowakischen Volksseele entspricht. Würde ich mich mit ihm treffen wollen, dann am liebsten bei Dampfbuchteln, gefüllt mit Marmelade, bestreut mit Mohn und Zucker und begossen mit heißer Butter, sozusagen als Versüßung zum Kapitel »Vater«.

Nachdem dieser Text in der slowakischen Zeitung *Sme* erschienen war, kam das Gerücht auf, ich hätte ihn geschrieben, um mich als öffentliche Person von meinem Vater reinzuwaschen. Nein, ich kenne solches Clan-Denken nicht. Da es nicht meine Tat ist, muss ich mich davon auch nicht reinwaschen. Mein Motiv war, an einer Art gesellschaftlicher Läuterung mitzuwirken, indem ich damalige Mechanismen an einem konkreten Beispiel aufzeigte. Und wozu die Geschichte eines beliebigen Agenten suchen, wenn es den Agenten in der eigenen Familie gab? Er hat zwar eine winzige Rolle zugeteilt bekommen, doch das Unrechtsregime bestand aus vielen solchen Puzzleteilchen.

Dass die Schweizer Geheimpolizei ihre Bürger und Bürgerinnen während des Kalten Krieges scharf beobachtete, flog 1989 mit der »Fichenaffäre« auf – insgesamt 900 000 Personen wurden fichiert, darunter auch mittelost- und osteuropäische Emigranten. Meine Fiche aus den Siebziger- und Achtzigerjahren steht an Unbedarftheit und Phobien den tschechoslowakischen Akten in nichts nach. Als zwanzigjährige Russischlehrerin würde ich in Basel mit dieser kommunistischen *lingua franca* womöglich »Linksextremisten und politisch Verdächtige« um mich scharen, die – so die Empfehlung des eifrigen Fichenschreibers – unbedingt überprüft werden sollten.

Und 1986 denunzierte mich ein Journalist der *Basler Zeitung* als mutmaßliche ŠtB-Agentin. Eine Meldung mit Folgen: Ein Verhör durch den Basler Sicherheitsdienst über meine politische Gesinnung, das Abhören des Telefons und 1987 die Ablehnung des Einbürgerungsgesuchs »mangels genügender Assimilierung«. Erst nachdem ein Dutzend Personen aus dem Schweizer Kulturleben für meine sogenannte Assimilation gebürgt hatten, erhielt ich den Schweizer Pass, allerdings »mit einigen Bedenken«, wie im Begleitschreiben steht. Auch wenn die Fichenaffäre an der Fassade der schweizerischen Demokratie gekratzt hat, so sind doch die Folgen der Überwachung mit denen in den kommunistischen Diktaturen nicht vergleichbar.

Wege
der Frauen

Meine Freundin führt mich auf den idyllisch überwachsenen Ondrejský-Friedhof in Bratislava und erzählt beiläufig, dass meine Briefe aus der Schweiz zwei Jahrzehnte lang jeweils geöffnet bei ihr ankamen. Ein Klebstreifen über dem Verschluss verriet das Schnüffeln von Vater Staat. Vom Heimweh, von ersten Liebschaften und von der Entdeckung der Welt habe ich ihr geschrieben. Die Briefe waren ein Lebensfaden, daran hing für mich das Land der Vorfahren, der Kindheit, der Muttersprache. Inmitten der Gräber überkommen mich Wut und Ekel. Die Freundin empört sich nicht.

»So war es eben damals«, sie zuckt mit den Schultern.

Die meisten Briefe habe sie verbrannt, nachdem sie zu einem Gespräch in eine leere Wohnung vorgeladen worden sei. Ob sie mit der ŠtB zusammenarbeiten wolle, wurde sie gefragt. Unwirklich komme es ihr jetzt vor, sie schüttelt sich. Der Friedhof, ein geeigneter Ort für diese Offenbarung? Die damaligen professionellen Schnüffler liegen noch längst nicht unter den Grabplatten mit der Inschrift »Ruhe in Frieden«.

In einer klaustrophobischen Vision sehe ich sie in Scharen die Friedhofmauern umzingeln und murmeln:

»So war es eben damals.«

Wunderbar gesprächig sind die Menschen, ganz selbstverständlich ergeben sich Kontakte auf der Straße, im Bus, im Zug, eine zufällige Gemeinschaft entsteht, man hilft sich gegenseitig mit Gepäck, erzählt sofort das ganze Leben und nimmt gefühlvoll Anteil am fremden Unglück – wen trifft es schon nicht? –, sodass der Eindruck einer wohltuenden Offenheit entsteht. *Byt' pospolu,* »beisammen sein«, nannte der slowakische Schriftsteller Dominik Tatarka diesen Geselligkeitssinn. Für ihn, der das Gewissen der slowakischen Intelligenzija war, der Dissident der »Normalisierung« nach 1968, beschattet auf Schritt und Tritt von kommunistischen Spitzeln, für ihn war *byt' pospolu* der schönste Ausdruck der slowakischen Seele.

Äußert man jedoch ungewöhnliche Gedanken zu heiklen Themen, wird geschickt mit Nichtigkeiten abgelenkt. Am besten mit neutralisierenden Witzen. Wie absurd ist doch das Leben, wir wollen es nicht erforschen, nicht verändern, sondern gemeinsam darüber lachen. Der Humor gehört in ganz Mittelost- und Osteuropa zur Lebensessenz und zum Widerstand. Das notorische Witzeln als Ventil, das den Status quo aufrechterhält. Ein Witz hakt sich beim anderen unter, wir reichen Witze wie Wein- und Schnapsgläser reihum, lullen uns ein, drehen uns weiter und weiter im Kreis.

Und doch, bei meinen Besuchen um die Jahrhundertwende wächst schon hie und da die Kultur des Hinterfragens: Woher kommt das, was wir kaufen und denken, welche Werte wollen wir aufgeben und welche behalten, wer sind wir, und was haben wir mit uns vor? Selbst die anspruchsvolle individuelle Frage: Wie will ich leben, und was tue ich dafür?, wird geläufig, vor allem bei der jungen Generation.

So auch bei »Fenestra«: Ein Fenster wurde geöffnet, in Košice. Ein paar Ehefrauen von Intellektuellen hatten genug vom Stillschweigen. Ihre Männer trafen sich, redeten über Literatur, Philosophie, über Ideen und Geschlechterrollen, deren Prägung sie allein bestimmten. Niemand störte ihre Ausführungen. Die Frauen, selbst berufstätig, bedienten nach Feierabend die Runde und versorgten die Kinder. Eine schrieb Gedichte, unter Pseudonym, um den Dichter-Gatten nicht zu brüskieren, und auf einmal sprach sie:

»Jede von uns sitzt mit den Kindern alleine, niemand hilft uns, lasst uns eine Fraueninitiative starten«.

»Fenestra« war zuerst ein Frauen-und-Kinder-Treffpunkt, dann fingen die Gründerinnen – inzwischen von ihren angesehenen Männern geschieden – an, sich um geschlagene Frauen zu kümmern. Die einstige Gelegenheitspoetin dichtete nicht mehr, sondern verfasste harte Berichte. Dichtung hat für sie den Beigeschmack der Lüge, der Flucht vor der Wirklichkeit bekommen. Der Ex-Gatte zog sich in eine Einsiedelei zurück, widmete sich weiter der Poesie und betete als gläubiger Katholik für die drei gemeinsamen Kinder, die sie durchbrachte. Sie hat gleich mehrere Tabus gebrochen, fing an, in einer lesbischen Beziehung zu leben, und holte weibliche Verstummte aller Schichten aus ihrer häuslichen Hölle heraus, in der die Schläge lautlos verhallten. Dank »Fenestra« wurden sie hörbar.

Das Ziel war bescheiden:

»Wir tun unser Möglichstes, damit die Situation der geschlagenen Frau sich nicht verschlechtert. Von unseren 650 Klientinnen hat sich noch keine umgebracht. Das ist ein Erfolg.«

Die Initiantin hat einen anderen Blick auf die Košicer Männer bekommen.

Wenn die Feiertage der christlichen Liebe nahten, wusste sie:

»Das sind besonders gefährliche Zeiten für Frauen und Kinder, die Männer sind zu Hause und schlagen zu.«

Sie räumte mit dem Volksmythos auf, es sei der leidige Alkohol, der den Mann unberechenbar und gewalttätig mache. Vielmehr sei es das in der Gesellschaft tolerierte patriarchale Denken, das die Frau als Besitz des Ehemannes, des Vaters, des Bruders definiere. Entzieht sich die Frau der männlichen Kontrolle oder erscheint es dem Mann so, schlägt und erniedrigt er sie, um sie gefügig zu machen. Eine gängige Unterdrückungs-strategie sei es, der Frau die Schuld zuzuschieben.

»Fenestra« warf den weiblichen Schuldkomplex aus dem Fenster. In dieser Gegend, wo der stolze Machismo auf das Wort »Feminismus« mit Abscheu reagiert, erklärten sich die sechs Mitarbeiterinnen für Feministinnen, parteiisch, stets auf der Seite der Frau.

Sie vermittelten der Schutzsuchenden:

»Du bist nicht schuld daran, dass er dich schlägt, deine Lage ist wirklich schlimm, verharmlose sie nicht. Das Gesetz ist auf deiner Seite, ich helfe dir, deine Rechte wahrzunehmen.«

In drei farbenfroh gestrichenen Räumen, deren Adresse geheim gehalten wurde, heilte Frau Frau, indem sie Fragen zuließ und das Schreckliche beim Namen nannte. Ein Luftzug wehte durch Košice, samten revolutionär.

Ich habe auch das Frauenlager Želiezovce mit seinem Landwirtschaftsbetrieb in der Ebene nah an der ungarischen Grenze besucht. Hier hatte meine Mutter von 1960 bis 1961 Zwangsarbeit auf den Feldern verrichtet. Erst im Frühling 1968 fing sie zaghaft an, Gefängnisepisoden zu erzählen, davon, wie die Frauen ihre Gefängniskleidung gebügelt hatten – sie legten sie über Nacht unter die Matratze. Und sie lachte befreit, sie hatte soeben die Nachricht von ihrer Rehabilitierung erhalten. Den Rest der Hafterfahrung nahm sie mit ins Grab. Über die Ostsee fliehen hatte sie damals gewollt, in Crèmedöschen versteckt schmuggelte sie familieneigene Brillanten, um die Überfahrt zu bezahlen. Wir hätten nachkommen sollen – doch ihr Fernweh war verfrüht, an der slowakisch-polnischen Grenze endete ihre Reise und fingen die Verhöre an. Da sie im Notizbüchlein des Vaters einige westliche Adressen bei sich trug, wurde sie der Spionage verdächtigt. In der Stadt stand sie im Ruf einer verwegenen Schmugglerin. 1968 war sie dann die treibende Kraft für die Emigration.

Besuch im Frauengefängnis von Željezovce
Jahrzehnte nach dem Aufenthalt der Mutter.

Als ich das Angebot bekam, eine Reportage über das einzige Schweizer Frauengefängnis in Hindelbank zu schreiben, sagte ich sofort zu. Endlich würde ich etwas über jenes Jahr erfahren, über die Atmosphäre dieses mysteriösen Ortes, den ich mir damals auf meine Weise vorstellte – Pritschen, schroffe Befehle, Schäferhunde, Mangelernährung. Endlich würde ich erfahren, wie sich meine Mutter damals gefühlt haben könnte.

Eine Schweizerin sitzt mir in ihrer Zelle gegenüber, raucht pausenlos und spricht von ihren Kindern. Mag sein, dass sie sich Illusionen über sich selbst hingibt, wenn sie davon schwärmt, wie sie die Kleinen eines Tages aus dem Heim, bei der Heilsarmee, bei Verwandten abholen wird, um geläutert ein neues, glückliches Familienleben zu führen. Gehört nicht zur Idee dieser Institution, gute Vorsätze zu fassen? Sie hat Gewissensbisse, dass ihre Kinder darunter leiden, weil sie schon wieder nicht zum Schulfest, zum Elternabend gekommen ist.

Ich höre ihr zu, bin wieder neun Jahre alt, als meine Mutter nicht nach Hause kam. Die kommenden Monate spielte ich oft alleine. Als sie an einem heißen Nachmittag zurückkehrte, sich vor dem Spiegel drehte, begriff ich, dass mir am meisten ihre Schönheit mit dem Duft aus Parfüm gefehlt hatte. Sie erklärte nicht, wo sie gewesen war. Und ich hätte nie gewagt, sie danach zu fragen.

Hindelbank ist für mich eine verwirrende Idylle. Für einen Moment lang verfalle ich dem Schein, verspüre gar Sehnsucht nach dieser Art Versorgtsein, ein starker Migräneschmerz durchbohrt mein linkes Auge, ich lege mich im Gefängnishof auf den Rasen hin zu den Gefangenen, die sich dort sonnen, und will nicht mehr aufstehen. Doch als ich das Gefängnis nach einer Nacht und zwei Tagen verlasse, bin ich erleichtert, als hätte man mich begnadigt.

Der erste Fluchtversuch meiner Mutter endete im Knast, der zweite glückte ihr. Das Hadern mit dem Emigrationsschicksal, das nicht ich mir ausgesucht habe, dauerte lange. Während einer Reportagereise in Moldawien im Jahr 2000 mache ich einen Abstecher nach Odessa. Die habsburgische Stadtarchitektur ist mir vertraut, ich unterhalte mich auf Russisch mit zufälligen Menschen, mein Blick auf die slawische Welt ist ebenso gefühlvoll verschmelzend geblieben wie gedanklich sezierend geworden. In dieser Mischung beschreibe ich die postkommunistischen Zustände und erkenne in der Art, geübt darin, Kulturen und Sprachen angstfrei und spielend zu wechseln, meinen Vorteil. Ich betrete eine christlich-orthodoxe Kirche – nein, ich bin nicht gläubig –, die Stille und Leere scheinen mir geeignet, in einer Art Eingebung meiner Mutter, die schon seit ein paar Jahren tot ist, die Emigration zu verzeihen.

Bibliothek
für Mamou

Es war noch Kalter Krieg, als mich 1984 an einem afrikani-
schen Ball im Elsass ein Guineer zum Tanz aufforderte. Er
sprach Russisch, hatte in der mit Guinea verbrüderten Sowjetunion studiert und lebte nun als Emigrant in Frankreich. Der
eigenwillige Diktator Sékou Touré, eine Mischung aus Panaf-
rikanist und Kommunist, war gerade gestorben, und Guinea
schüttelte den Kommunismus ab. Das erfahre ich im wiegen-
den Rhythmus, und einige Wochen später lande ich um vier
Uhr morgens im tropischen Regen in der Hauptstadt Conakry,
mit meinem dunkelblauen Staatenlosenpass, Bürgerin von
Nirgendwo und kaum des Französischen mächtig, mächtig ist
nur meine Heimatprojektion. In die Tschechoslowakei darf ich
noch nicht reisen, also will ich in Westafrika erfahren, was
nach dem Zusammenbruch des Kommunismus kommen mag.
    Das Tor des Konzentrationslagers Camp Boiro ist soeben
geöffnet worden, hier wurde des Hungers gestorben, im
schwärzesten schwarzen Humor nannte man es *diète noire*, hier
lehrten tschechoslowakische Geheimdienstler mit Strom fol-
tern, wenn Conakry stromlos im Dunkeln versank. Das erzählen mir die Überlebenden, ich nehme ihre Aussagen auf Band
auf, fühle Scham, Respekt, Nähe. Ich erlebe, wie Guinea sich
öffnet, aber auch, wie viele ärmer und einige noch reicher werden. Ich komme immer wieder hierher, als wäre es mein post-
kommunistisches Trenčín, bald spreche ich Französisch mit

guineischem Akzent und ahme den entspannten Gang der Guineerinnen nach, bei dem das Becken gelöst in der Hitze ausschwingt.

Einmal sitze ich in Paris in einem Café mit Amadou Oury Bah zusammen, einem guineischen Emigranten und Mathematiklehrer an einem Pariser Gymnasium, und er sagt, er kehre nach Guinea zurück.

»Was hast du dort vor?«

»Ich will eine Bibliothek gründen.«

In seinen Augen erblicke ich inmitten vom heißen roten Staub, der in Conakry überall liegt, einen geräumigen Raum, eine kühle Oase der Stille, der Besinnung, der geistigen Freiheit.

»Brauchst du Bücher?«

Wenn ich zurückblicke, war mein häufiges unentgeltliches Engagement recht dilettantisch. Einfälle zu guten Taten kamen ungerufen. Ich fing an zu handeln, beflügelt von einer neuen Idee, doch ohne das Scheitern in meine Pläne einzubeziehen.

Im ersten Paket lagen das in Leder gebundene Gesamtwerk eines Abenteuerschriftstellers und Romane von Marguerite Duras, Saul Bellow, Lew Tolstoi, alle auf Französisch, unberührt, wohlriechend. Ihre Würde war überzeugend, ihre Anwesenheit. Ob die Leidenschaft in meiner Stimme hörbar war? Sie hatten mit Büchern zu tun, diese Menschen, und sie begriffen sofort – Schweizer Bibliothekarinnen, Buchhändler, Antiquare, Verlagsleiter, Gymnasiastinnen, Privatpersonen antworteten auf meine Telefonanrufe mit Briefen der Begeisterung und mit Bücherpaketen.

Der ebenfalls in Paris lebende Guineer Alpha Oumar Barry, der sich unserer Aktion angeschlossen hatte, sprach im Radio DRS von seinen Kindheitserinnerungen, dem Hunger nach dem gedruckten Wort, der grösser und schmerzhafter gewesen sei als der Hunger nach Nahrung:

»Bücher gab es kaum, Bücher waren verboten. Ich las alles, was mir in die Hände fiel.«

Seine Rede löste eine neue Bücherlawine aus.

Wir haben die Fulbenstadt Mamou nicht gefragt, ob sie eine Volksbibliothek wollte. Oury und Alpha, beide Fulben, wollten es. Und mir gefiel nicht nur die Idee, die Taten braucht, sondern ich mochte auch Oury und Alpha.

Als ein roter Container vor meinem Haus hielt, lud ich Tausende Werke der Weltliteratur ein und dazu Zehntausende französische Grammatiklehrbücher, Übungshefte, Lesebroschüren, Geografie- und Geschichtsbücher, die in der welschen Schweiz aus dem Unterrichtsprogramm entfernt worden waren, und schickte sie auf eine Schiffsreise.

Zollbeamte hielten den Container in Conakry wochenlang im Hafen zurück, brummten uns eine fantasievolle Gebühr auf. Zu unserem Glück wurde ein Dutzend von ihnen verhaftet, und die neue Zöllnerin war geradezu bescheiden: Sie befahl bloß ihrem Assistenten, ein paar Bücher in ihrer Handtasche zu verstauen.

In der Mittagsglut stand ich in Conakry auf einem staubigen Hof, über den ein Pfau spazierte und stehen blieb, so als warte er mit.

»Der Container wird heute nicht kommen«, sagte jemand.

Ich streckte den Arm aus, er zitterte leicht:

»Da.«

Durch eine leere Mangoallee fuhr ein Lastwagen mit einem roten länglichen Container drauf. An der Farbe erkannte ich ihn wieder – ihm hatte ich in Basel die Arbeit von mehreren Jahren anvertraut. Vom Lastwagen sprangen hagere Hafenarbeiter und trugen die Kisten in einen Lagerraum, dann schlichen sie sich mit gewölbten Brustkästen davon – unter die Hemden und T-Shirts hatten sie unsere Bücher gestopft. Ihr Vorgesetzter setzte ihnen nach.

Ich hielt ihn auf:

»Ach, lassen Sie es. Die Bücher sind doch zum Verschenken.«

Der anwesende Schweizer Chargé d'Affaires grinste:

»Sie erinnern mich an mich selbst, als ich hierherkam, mit gutem Willen. Man investiert Geld, Energie, Material, Zeit, und alles versandet, verkommt. Sie sollten die Bücher verkaufen. Jemand, der etwas kauft, der trägt auch Sorge dazu.«

Ich erschrak. Wie belastbar ist der Humanismus? Beunruhigt schaute ich den Arbeitern zu, die um ein paar Sandwiches stritten, die ich gespendet hatte. Peitschte ich Gelüste auf, stiftete Zwist?

»Warum scheitern hier so viele Projekte?«, fragte ich Oury.

»Es liegt an uns, wir sind noch nicht reif. Mein Grundsatz ist: Nie den anderen die Schuld geben. Wir müssen aus der kolonialen Opferrolle herauskommen.«

Ich wurde von den Einheimischen wie eine Fee aus dem Königreich der tausend Dinge behandelt:

»Gib uns noch mehr wundersame Dinge. Du hast eine Fülle davon, du bist reich.«

Ich verschwand hinter den imaginären Reichtümern. Nichts geschah zwischen uns, nur Dinge wechselten die Besitzer.

Bei der Feier der Bücherschenkung in einer Mädchenschule betrachteten die Schülerinnen andachtsvoll die entlang der Wände ausgestellten Schulbücher. Einige wagten sich behutsam heran, befühlten den Umschlag, drehten das Buch mehrmals um und öffneten es langsam.

Beschämt sagte ich zu Oury:

»In der Schweiz werden diese ausrangierten Lehrmittel verbrannt.«

Er flüsterte in Panik:

»Sage es bitte nicht. Entwerte nicht das Geschenk. Du würdest uns sehr weh tun. Wir achten das Buch.«

Ein Journalist hielt mir das Mikrofon hin:

»Werden Sie wieder Bücher bringen?«

Wann gesteht sich eine Helferin ein, dass sie auch etwas will?

»Ich habe keine Gegenstände gebracht, um sie hier zu deponieren. Diese Bücher sind Freunde. Ich will etwas dafür. Ich bin auf Freundschaftssuche.«

»Es wird die beste Bibliothek im ganzen Land sein«, schwärmte Oury. »Du zensurierst zu viel. In Mamou herrscht Leere«, und er legte einen Konsalik in die Kiste zurück, den ich hinausgeworfen hatte.

»Warum nach Mamou? Die Stadt ist berüchtigt für ihre Diebe. Lasst die Bücher in Conakry, damit man sie nicht auf allen Märkten findet.«

Solche Warnungen nisteten sich in mir ein, wie plagende Parasiten. Wochenlang zog sich das Warten auf den Lastwagen hin, den uns der Präfekt von Mamou versprochen hatte. Ich zwang mich dazu, das Warten gelassen hinzunehmen. Im Grand Hotel in Conakry sah ich europäische Geschäftsleute, die bei der Prüfung des Wartens durchfielen. Die Einheimischen lachten über ihre Ungeduld.

»Langsam, langsam«, war die Antwort auf alle Lebensfragen.

Da kam die Nachricht, der Lastwagen aus Mamou sei unterwegs. Es war Ramadan. Den ganzen Tag leerten unsere fastenden Freunde den Lagerraum.

Und dann:

»Alles wieder zurück! Der Lastwagen ist unauffindbar.«

Gegen Abend mieteten wir selbst einen Lastwagen, wodurch wir Ourys pädagogisches Prinzip untergruben: Wir liefern das Material, der Empfänger besorgt den Transport im Land.

Schweigsam fuhren wir ins gebirgige Mamou.

Zehntausende Bücher aus der Schweiz
sind in Guinea eingetroffen:
Irena Brežná mit Helfern in Conakry 1988.

Mit einem Fluch belegt: In dem Gebäude
soll die Bibliothek von Mamou entstehen (oben).
Für diese Mädchenschule in Conakry
kommen die Unterrichtsbücher wie gerufen:
Irena Brežná mit der Lehrerin aus Frankreich (unten).

Die Geschichte vom Fluch stimmte mich nachdenklich. Der Präfekt gab uns nämlich für die Bibliothek ein altes Gebäude auf dem Hügel, von wo früher die französischen Kolonialherren die Stadt beherrschten. Die alten Patriarchen, deren Residenz sich darunter befand, legten deshalb einen Fluch über das Kolonialgebäude. Warum gab uns der Präfekt ausgerechnet dieses Haus? Aus Hohn? Aus Rache dafür, dass wir das geschriebene weltliche Wort hierherbrachten? Nun würden sich die Jungen mit dem Buch in der Hand absondern, sich der Kontrolle der Gemeinschaft entziehen.

»Die Alten bangen um ihre Vorrechte. Aber gegen jeden Fluch gibt es ein Mittel. Wir werden ein Opfer bringen, indem wir eine Entzauberungszeremonie finanzieren«, sagten Oury und Alpha und ließen ein Lamm schlachten, und der Fluch wurde angeblich beseitigt.

Zur Feier, die der Präfekt aus Anlass der Ankunft der Bücher für uns veranstaltete, kamen alle wichtigen Leute der Stadt.

Während der Imam misstrauisch schwieg, sagte ein Lehrer an unsere Adresse:

»Diese Menschen haben das Wesentliche begriffen, die Sehnsucht des Menschen nach Kultur.«

Beim Abschied nahm ich beide Hände des Präfekten in die meinen, drückte sie fest:

»Unsere Hoffnung liegt in Ihren Händen.«

»Bald lade ich Sie zur Eröffnungsfeier ein«, versprach er.

Zwei Jahre nach dem Händedruck tauchte ich eines Vormittags in seinem Büro auf.

»Wo ist die Bibliothek?«

»Langsam, setzen Sie sich, bitte.«

Der Präfekt hatte schwere Augenlider, er sprach schwerfällig. Im Geäst vor dem Fenster saßen reglos Geier. Er, ein uneingeschränkter Herrscher über ein riesiges Gebiet, redete lange von der Last der Macht, der Korruption, der Jugendkriminalität, der Geldnot und vom Wassermangel. Den Wagen, mit dem wir zu seiner Residenz fuhren, lenkte er selbst.

»Ich traue niemandem. Ich bin verhasst hier.«

Ich schwieg, als ich die Bücher unberührt in den verstaubten Kisten sah.

Der Präfekt fing an, sich zu rechtfertigen:

»Die Bücher werden regelmäßig mit Insektenspray besprüht.«

»Und das Bibliotheksgebäude? Ist es renoviert worden?«

Wir gingen zu Fuß, stiegen ein paar Treppen hoch, ein Wärter öffnete uns. Die Wände der Räume waren frisch gelb gestrichen.

»Diese Räume flössen immer noch Angst ein«, sagte der Präfekt nachdenklich, dann warf er hastig mit Befehlen um sich:

»Fenster, Türen reparieren, die Zwischenwand einreißen, in zwei Wochen will ich das Erdgeschoss einzugsbereit haben.«

Und dann:

»Bald lade ich Sie zur Eröffnungsfeier ein.«

Meine Hoffnung war nicht der Präfekt, vielmehr waren es jene Studenten von Mamou, die unser Geschenk Stück für Stück gestohlen hatten, bevor es von Würmern zerfressen worden wäre.

Immerhin ist lediglich das Bibliotheksprojekt gescheitert. Die Verteilung der Unterrichtsbücher an Schulen in ganz Guinea ist uns gelungen. In Conakry besuchte ich eine Fachschule, und sechzig zukünftige Sekretärinnen sangen für mich stehend als Zeichen des Danks:

»Zusammen werden wir die Welt verändern.«

Die Lehrerin erzählte, die Schule leihe den Mädchen die Schulbücher für ein Jahr aus, und sie würden den glänzenden

Buchumschlag, auf dem Kinder im Schnee spielen, immer wieder liebevoll putzen. Der wehmütige Satz der Lehrerin begleitete mich auf dem Rückflug:

»Er muss wunderschön sein, der Schnee.«

Amadou Oury Bah gründete bald darauf die Oppositionspartei Union der demokratischen Kräfte Guineas, später wurde er Minister für nationale Versöhnung unter den in Guinea lebenden Ethnien. 2011 musste er erneut ins französische Exil fliehen, da man ihm die Organisation eines bewaffneten Umsturzes angelastet hatte, den die Behörden angeblich vereitelt hätten. Der damalige französische Präsident François Hollande setzte sich für Oury ein, woraufhin ihm 2015 der guineische Präsident Alpha Condé Straffreiheit garantierte. Oury kehrte zurück nach Conakry.

Und was bleibt? Zusammen mit Alpha Oumar Barry habe ich *Biro und Barbara*, die Geschichte einer Kinderfreundschaft, verfasst, eine Nord-Süd-Auseinandersetzung, zweisprachig, Französisch und Deutsch. Und unser gemeinsamer Sohn wurde 1986 in Basel geboren.

Kommersanty
und bisnesmeny

Auf einer Moskauer Ausfallstraße holt mich Mitte der Neunzigerjahre mein Leibwächter Andrei ab, wir fahren in einen Vorort und bleiben im fünften Stock eines Hochhauses vor einer Panzertür stehen. Der Pate des Fernen Ostens öffnet uns selbst. Anstatt eines Grußes schaut er mir auf die Füße, und ich ziehe gleich an der Schwelle meine Stiefel aus. Ohne Absätze, ohne harte Sohlen bin ich geschwächt, gleite unwillig in Strümpfen über seinen Boden, auf dem viele Männer vorsichtig auf und ab gehen: Slawen, Kaukasier, Asiaten. Ein Kosakenataman trägt im Halfter am Riemen eine Pistole, und alle Männer sind in Socken. Nur der vierundvierzigjährige Pate mit dem Spitznamen Pudel – in der Unterwelt sind Spitznamen die Regel – trägt zu einem blauen Nylontrainer Pantoffeln. Beim Anblick seines weichen Körpers denke ich an die harte Gulagpritsche, auf der er achtzehn Jahre lang gesessen hat. Seine Augen wandern im Raum umher, ohne einen festen Punkt zu finden, sie haben die grünlich-milchige Farbe von Pflanzen, die im Keller wachsen. Er setzt sich in den Sessel, zieht häuslich die Füße hoch, die Finger greifen nach einem Zahnstocher, drehen ihn mechanisch, zwischendurch stochert er damit in seinen Zähnen. Er spricht von Gott, dem er an »jenem Ort« begegnet sei und der seitdem auf seiner Seite stehe. Ich unterbreche Gott in ihm:

»Weshalb kamen Sie an jenen Ort?«

Pudel bewegt gereizt das Becken, und mein Leibwächter übersetzt diese Geste für mich sachlich und bestimmt:

»Danach fragt man nicht.«

In der Küche bereitet ein gut aussehender junger Mann belegte Brötchen zu. Er ist ein *schestjorka*, so heißt im Knastjargon der Diener eines hochrangigen Gefangenen. Wie er in seiner Schönheit dasteht und Gurken schneidet, hat er die Anmut einer antiken Jünglingsstatue. Er kommt von seinem Körper nicht los, womit er der Frau im Patriarchat ähnelt; das Wort *schestjorka* hat auch die weibliche Endung. Drei Wochen später werde ich ihm nochmals begegnen und Zeugin seines Lächelns sein. Am Flughafen von Chabarowsk steht er zwei Schritte hinter Pudels Rücken, breitbeinig, gerade gestreckt, wie ein Gegenstand, der bloß körperlich am Geschehen teilnimmt, teilnehmen darf. Der Abschied steht bevor, ich schreite auf Pudel zu und strecke meine Hand unvermittelt dem *schestjorka* hin. Der verzauberte Jüngling erwacht, springt wendig nach vorne und ergreift sie. Pudels Blick fixiert derweil das ferne Nichts, wohin ich schließlich abfliege und mir im Flug überlege, wie man den *schestjorka*, der es wagte, sich in Anwesenheit seines Herrn in ein Subjekt zu verwandeln, wohl bestrafen wird.

Aber noch sitze ich am Moskauer Küchentisch, verschlinge Knorpelfisch und Gurken und trinke Tee, der *schestjorka* steht am Spültrog, und Pudel liest einen selbst verfassten Text vor, obwohl ich ihn gebeten habe, es nicht zu tun. Es ist unangenehm, der Sprache eines Menschen zuzuhören, die ihm nicht gehört und ihn selbst langweilt. Sie ist zusammengebastelt aus Resten des sowjetischen Vokabulars: »Freundschaft«, »Frieden« – vielleicht hatte er sie von den Losungen, die an der Lagerbaracke hingen, abgeschaut. Dazu kommen Modewörter der religiösen Wiedergeburt, »Glaube«, »Rettung«. Seine Bewegung hat Pudel zuerst *Swoboda* (Freiheit) genannt, das Wort, das für ihn vor acht Jahren mit dem Öffnen des Lagertors zusammenfiel. Später wandelte er es in das kraftvolle *Jedinstwo* (Einheit) um. Das Familienoberhaupt am Küchentisch redet monoton, wie ein Bauchredner, ohne den Mund zu öffnen, und ich stelle mir diesen Aal in seinen vertrauten Gewässern, im Gulag, vor.

»Ich habe niemandem etwas Böses getan, nicht einmal einem Welpen«, liest er vor, und ich übersetze für mich den Satz zu konkreten Worten eines *awtoritet* (hochrangiger Krimineller), der an dem für ihn reservierten Platz am Fenster einer großen Zelle sitzt und die Lebensfäden anderer in der Hand hält. Nach der Lektüre lädt mich Pudel für eine Reportage zu sich in den Fernen Osten ein.

Zusammen mit meinen drei Begleitern – dem Gulagreformator und ehemaligen politischen Gefangenen Waleri Abramkin, dem Leibwächter Andrei und dem russischen Fotografen Waleri Schtschekoldin – renne ich durch die Moskauer Flughafenhalle und sehe nichts als Säcke; Säcke aller Größen, und irgendwo daneben stehen Menschen, ernsthaft, als wanderten sie endgültig hinter ihren Säcken aus. In der Eile der Abreise nimmt Andrei versehentlich einige Plastiksäcke mit, und da er selbst Häftling war, erkennt er in ihrem undefinierbaren Inhalt den Gesamtbesitz eines entlassenen Häftlings. Er besteht darauf, die Säcke nicht wegzuwerfen, das wäre nämlich respektlos, also teilen wir uns die fremde Last auf und landen nach einem langen Flug samt den symbolischen Säcken frühmorgens in Wladiwostok.

Hier ist der Anfang der Menschheit. Der Mann ist noch Jäger, seine Trophäen trägt er bei sich, die schwarze Lederjacke aus dem benachbarten China, das Päckchen amerikanischer Zigaretten und den japanischen Gebrauchtwagen, den er im Hafen von Wladiwostok erbeutet hat. Das Leben ist kurz und schnell. Die Taiga wird unter den rivalisierenden patriarchalen Stämmen aufgeteilt. Über Nacht kann man reich werden oder als verkohlte Leiche enden. Der junge Mann mit dem gestylten kurzen Haarschnitt nennt sich *kommersant*. Seit seiner Entlassung aus dem Gefängnis arbeitet er, mit der Waffe unter dem Blazer, für einen einflussreichen *bisnesmen*. Er rast über die Hügel des russischen San Francisco in der vom Stillen Ozean kommenden Brise, zwischen den Hochhäusern, dort, hinter dem schwarzen Staub, im vierzehnten Stock liegt seine bescheidene Hütte. Der Mann hat das breite, grob geschnitzte Gesicht des monumentalen Matrosen vom Denkmal der Revolution am Hafenplatz. Der Granitmatrose kniet auf einem Bein und schaut vorrevolutionär zuversichtlich auf die atomaren U-Boote in der bis 1985 abgesperrten Militärstadt. In einem neueröffneten Fitnesszentrum hat der junge Mann seine Muskeln gehärtet, deren Kraft er jedoch kaum brauchen wird. Ihr bloßes Vorhandensein genügt als Siegel zum mündlichen Vertrag und das karge, wohlüberlegte Manneswort als Unterschrift.

Der Anfang der Menschheit ist ernst, schriftlos. Der Humor ist noch nicht da, die Zweideutigkeit wäre lebensgefährlich, das Denken ist schnörkellos, Selbstkritik eine unverzeihliche Schwäche. Wir sind noch im Wald, und der Stamm wähnt sich in ständiger Gefahr. Hier gibt es das Reich des Lichtes und das der Finsternis, das »Wir« und »die anderen«, das Gute und das Böse, die Macht der Unterwelt und die der Behörden. Wer ist die Mafia? Die Mafia sind nicht wir, das sind die anderen, wir sind gerecht, der rechtgläubige Gott steht uns bei. Verfügbar soll der junge Mann sein, vorhanden in großer Zahl, denn falls der Chef erschossen wird, braucht es Zeugen. Der bedingungslose Gehorsam ist das beste Empfehlungsschreiben für den modischen Job, das verschwiegene, glatte Gesicht auswechselbar. Das Monopol auf Hirnmasse steht dem Boss zu. An der Universität fürs Überleben, an der Fakultät für Männlichkeit, im Straflager nebenan hat sich der junge Mann *prawilnyje ponjatija* (richtige Begriffe, d. h. den Verhaltenskodex des ungeschriebenen Gefängnisgesetzes) bei der kriminellen Oligarchie erworben, bei den *wory w sakone* (Diebe im Gesetz). Für immer bewahrt er Ehrfurcht vor diesen Priestern und Richtern der Unterwelt, etwa tausend sind es im damaligen Russland, darunter viele Georgier. Nach einem hehren Ideal, das nur noch wenige hochhalten, sollten sie nie arbeiten, nicht einmal Geschäfte abwickeln, und unverheiratet bleiben, denn ihre Kinder sind das Gefangenenvolk, das sie väterlich umhegen und führen sollen. Diese »Generäle der Unterwelt« sind oft körperlich unscheinbar, dafür haben sie Charisma und sind einander gleichgestellt.

Sie sind das *tjurmenyi sakon* (Gefängnisgesetz) selbst. Der Gulag ist ihr Heim, ihr Wort darin ist heilig. Wenn sie es aussprechen, kann ein Gefangener für eine Fehlhandlung zu einem *kosjol* (Ziegenbock), *opuschtschennyi* (Fallengelassener) oder *petuch* (Hahn) degradiert werden. Ein *awtoritet* befiehlt ihm, sich neben die Toilette schlafen zu legen, es genügt, mit dem Penis über sein schlafendes Gesicht zu streifen, und schon wird er unwiderruflich zu einem Angehörigen der niedrigsten Kaste, der *neprikosnowennyje* (die Unberührbaren). Für seine Dienste als passiver Homosexueller empfängt er Geschenke, sammelt mal ein zugeworfenes Stück Brot.

Lenin errichtete die ersten Lager, Stalin erweiterte sie in den Dreißigerjahren zur gigantischen Gulagstruktur. Die dort inhaftierte Unterwelt befand sich im ständigen Krieg gegen das verhasste Regime und genoss als Opposition Popularität in der Gesellschaft. Anfang der Sechzigerjahre holte Nikita Chruschtschow zu einem Vernichtungsschlag gegen die Unterwelt aus. Nicht nur wurden die Haftbedingungen verschärft, sondern man zwang die Kriminellen mit Folter zur Kollaboration mit dem Staat, was im Ehrenkodex der Diebe das schwerste Vergehen ist. Als Widerstand dagegen errichtete die Unterwelt im männlichen Gulag ein Kastensystem auf den Grundlagen des Diebesgesetzes. Die Kollaborateure wurden als Hähne und Ziegenböcke in die untersten beiden Kasten verwiesen. Dem Entstehen der Kaste der Unberührbaren und überhaupt der Verfestigung der grausamen Sitten liegt also paradoxerweise der Impuls zugrunde, die eigene Würde zu schützen.

Eine strenge Hierarchie der vier Hauptkasten, beherrscht von der Oligarchie der professionellen Kriminellen, eine mythische Männerwelt, wo Gegenstände wie verzaubert sind, wo es keinen Zufall, kein »versehentlich« gibt: Für ein dahergesagtes Wort, eine falsche Geste zahlt man mit dem Leben, mit Verkrüppelung, oder man wird vergewaltigt und damit lebenslang als Unberührbarer entmenschlicht. In dieser Welt muss jeder Schritt überlegt sein, denn eine Geste, ein Wort legen den Menschen fest. Eine vom Kopf gefallene Mütze gehört vom Moment des Falles an zu den beschmutzten, unberührbaren Dingen, und wer sie ahnungslos aufhebt oder bloß anfasst, macht sich selbst zum Unberührbaren. Danach muss er, von allen verachtet, wie ein Aussätziger auf einer Stufe zwischen Tier und Mensch leben. Die Unberührbaren haben ihr eigenes Geschirr, sie schlafen und essen in der Zelle abseits von den anderen.

Während in Russland jeder vierte männliche Erwachsene die altrussische Initiation im Gulag empfangen hat, ist es im Fernen Osten fast jeder zweite. Wie ein feudaler Fürst trieb die »Demokratie« die Unternehmer nach der *Perestroika* mit unrealistisch hohen Steuern in die doppelte Buchhaltung: Der russische Geschäftsmann deklarierte »weißes« und unterschlug »schwarzes« Geld; dafür konnte er für Jahre hinter Stacheldraht verschwinden. Das Land wurde von einer anschwellenden Verhaftungswelle erfasst, angesagt als Kampf gegen das organisierte Verbrechen.

Der *kommersant* kommt ins Untersuchungsgefängnis, steht monatelang mit grünem Gesicht an die Wand gepresst, zu seinen Füßen liegen in der Schwüle matte Körper in Unterhosen, hier schläft man in drei Schichten. Täglich wird die Zelle überfüllter, das Fenster ist verdeckt von einer durchlöcherten Metallplatte hinter einer Reihe von Gittern. Eiternde Wunden heilen nicht, und aufgehängte Kleidungsstücke bewegen sich leicht wie im Windhauch von Wanzen, die über sie kriechen. Der junge Mann bekommt Tuberkulose oder Schwindsucht, und falls er in der Untersuchungshaft nicht stirbt, wird er nach dem Prozess erleichtert ins Lager überführt.

Dort herrscht seitens der *bratwa* (Bruderschaft, Gruppen der organisierten Kriminalität) eine abergläubische, bis ins kleinste Detail geregelte Welt, die je nach Lager variiert. Er befolgt den Grundsatz der Überlebenswilligen: leidenschaftslose Miene, selbstbewusste Körperhaltung und so wenig Worte wie möglich. Es kostet ihn Gesundheit, Kraft und Zeit, bis er lernt, sich hier zurechtzufinden. Das Lächeln muss er sich abgewöhnen, es heißt: Achtung, da will jemand etwas von dir. Der Gulag ist die geistige Heimat, *worowskaja ideja* (Diebesmoral) wird verehrt als die Idee der Gerechtigkeit, für immer wird der junge Mann sie mystifizieren, gern sähe er einen »Dieb im Gesetz« als Präsidenten Russlands.

Den Vorwurfstränen seiner Mutter, seiner Frau hat er sich entfremdet, *bratwa* ist seine Familie geworden. Auch nach seiner Freilassung hat er Verpflichtungen ihr gegenüber, schickt Gemüse und Früchte in die Zelle, zahlt Geld in den *obschtschak* (Gemeinschaftskasse der Diebe) und wirft Metallpäckchen mit Wodka, Zigaretten, Drogen und Schwarztee über den sechs Meter hohen Zaun; das sind harte Devisen, die Goldbarren der Zone. Man dankt es ihm mit kunstvollem Handwerk; wochenlang hat es ein *brat* (Kumpel) liebevoll geschliffen und ihm über die Mauer zugeworfen.

Die Souvenirläden der Stadt bieten maschinelles Einerlei an, mein Leibwächter dagegen schenkt mir solch ein Kunstwerk, einen durchsichtigen Kamm, aus dessen Innerem Violett, Blau und Grün ausbrechen, wellig ist er, als reite ein östliches Boot über den Ozean, leicht und beseelt. Die Sowjets zerstörten Traditionen, aber im Gulag erlebte unser entwurzelter Zeitgenosse Rituale zur Stärkung der Gemeinschaft, wie bei den heidnischen Altslawen. Er vergisst nie die mystische Stille, als im Kreis von Gefangenen schweigsam der Becher mit starkem Tee wanderte.

Inzwischen erkenne auch ich den jungen Mann an der Gewohnheit, das Gesicht nach oben zu tragen – im Lager schaut man in den Himmel. Der Gulag ist sein Sog, vom Gulag träumt er jede Nacht, hier spaltet sich die Welt. Die Uniform erweckt in ihm nach dem pawlowschen Reflex einen vitalen Hass, und die kühnen und fantastischen Geschichten der Kriminellen werden seine Familiensaga. Er spinnt sie weiter und singt mit heiserer Stimme melancholische Lagerlieder.

Der neue Held ist »in«, er ist *krutoi* (steil, d. h. kriminell und auch großartig), sein Diebesjargon dringt in die Sprache der Jugend, seine Bräuche prägen die Geschäftswelt sowie die hohe Politik. Er kleidet sich nach der Ästhetik der Zone, sein Outfit ist wie eine Stammestätowierung, Hinweis auf seine Zugehörigkeit. Er bläht den Brustkasten im quadratischen Leder auf, das ganze Gebiss ist aus Gold oder Goldimitation, in der Hand hält er den Schlüssel einer *firmennaja maschina* (importierter Prestigewagen). Er hat alte Minderwertigkeitsgefühle und neues Geld und kann mit beidem nicht umgehen. Dabei ist er durchaus sympathisch, zwar etwas rigide vor Angst und einspurigem Denken, aber nicht amoralischer als der Staatsanwalt und der Richter, die ihn einst wegen eines kleinen Diebstahls zu jahrelanger Fronarbeit verurteilt haben. Er ist gerade so konform halbkriminell, wie es die Umstände erfordern. Er vollzieht täglich einen Balanceakt, ist auf alles gefasst, die Angst lässt zwar manchmal seine Lippen erzittern, sie ist seine chronische Erkrankung, aber er hat sich schon an sie gewöhnt, ist süchtig nach Gefahr, um darin die Todesverachtung und seine Mannesehre unter Beweis zu stellen. Seine *gruppirowka*, *brigada*, *formazija* (kleine Banden) oder sein *klan* (große Bande) schenkt ihm Strenge samt Geborgenheit und eine abwechslungsreiche Arbeit.

Ist er Tschetschenien-Veteran, professioneller Sportler oder gedrillt im Antiterrortrupp, kann er *reketir* (Erpresser) werden, der Muskel einer *kryscha* (Dach, d.h. Schutzgeld erpressende Bande). Er taucht allein oder zu mehreren bei jedem auf, der in ihrem Revier einen Gemischtwarenladen, einen kleinen Betrieb eröffnet, irgendeine kommerzielle Initiative ergreift, sogar bei Straßenmusikanten und Bettlern.

»Guten Tag, Iwan Iwanowitsch, wie geht's? Wir möchten Ihnen gerne helfen.«

»Ach, es geht schon, bemüht euch nicht.«

»Wie Sie meinen, Iwan Iwanowitsch. Also, alles Gute.«

Sie gehen davon, informieren ihr *mosg* (Gehirn), ihren *brigadir* (Chef), und bald brennt der Laden nieder.

»Guten Tag, Iwan Iwanowitsch, das ist aber schade, was Ihnen zugestoßen ist. Sehen Sie, wir wollten Ihnen doch helfen.«

»Wie viel?«

»Zwanzig Prozent.«

Jede *kryscha* hat ihren eigenen Stil, aber das Ergebnis ist immer dasselbe: Iwan Iwanowitsch wird von nun an zwanzig Prozent Schutzgeld vom Gewinn abliefern. Pragmatisch veranlagt, denkt die Bande an den eigenen Vorteil, wacht über die Buchhaltung ihres Schützlings, hilft ihm, den Profit zu vergrößern, gewährt ihm günstige Kredite, fahndet nach säumigen Kunden, zieht einen Juristen bei und veranstaltet ein schnelles Schiedsgericht, eine Leistung, die der Staat in dieser Effektivität nicht anbietet. So wird sich Iwan Iwanowitsch bei Schwierigkeiten nicht an die Polizei und die Gerichte, sondern

Bei der russischen Mafia:
Mit dem Paten »Pudel« unterwegs in Chabarowsk (oben).
Der Pate, der Menschenrechtler
Waleri Abramkin, Irena Brežná mit ihrem Leibwächter
Andrei und der Leibwächter des Paten (unten, v.l.).

an seine tüchtigen Jungs wenden, obwohl ihm der Umgang mit ihnen unangenehm ist.

Er ist ein Leibeigener jener *kryscha*, die als Erste bei ihm aufkreuzt, hat er allerdings gute Kontakte zu einer stärkeren Bande, kann er bei dieser unterkommen. Ist eine *kryscha* ein unberechenbares Rudel, bricht über das Gebiet bald *proiswol* (Willkür) herein, hat sie jedoch Sinn für *porjadok* (Ordnung), lässt es sich leben. *Proiswol* und *porjadok* sind magische Worte in Russland. Auch ein Lager mit einem zu lockeren Reglement wird von den Gefangenen geächtet und gefürchtet, es bietet zu viel Freiraum für Willkür, sowohl seitens der Lagerangestellten wie auch der *bratwa*. Das Lager mit strengem Regime hingegen, das einen gewohnheitsmäßigen Tagesablauf und ein Einhalten der Regeln garantiert, loben die Häftlinge als *prawilnaja sona* (richtige Zone).

Der Chef des jungen Mannes ist ein *wor* (Dieb), eine Bezeichnung, die ihm an einer Taufe der Diebe im Lager feierlich verliehen wurde. Sie heißt so viel wie Ehrenmann. Daher ist es eine Tautologie, wenn sich der Dieb stolz *tschestnyi wor* (ehrlicher Dieb) nennt. Seinen Sohn erzieht er zwar gemäß dem Diebesgesetz, aber Vaters Geld ermöglicht dem Sohn später ein Oxfordstudium. Kehrt er dann aus England zurück, bringt er eine andere Werteskala mit nach Hause. Er ist nicht verpflichtet, die väterlichen Sitten weiterzupflegen wie der Sohn der sizilianischen Cosa Nostra; *bratwa* ist keine Erbdynastie. Er darf die enge Vaterwelt verlassen, samt den noblen Regeln des Diebesgesetzes: Du sollst nicht stehlen, sollst nicht beleidigen und grundlos Gewalt ausüben, sollst für dich einstehen und das Wort halten.

Der Sohn wird ein moderner Mensch, wird sein eigener Herr sein wollen und ein Problem mit Vaters Clan-Bewusstsein haben. Denn jeder *wor*, der einem anderen *wor* im Gefängnis ein Stück Brot stiehlt, wird bis zur Verstümmelung verprügelt, aber gefeiert, wenn er den fremden Stamm, also den Rest der Welt, beraubt. Daher kann Iwan Iwanowitsch nicht aufatmen, er bleibt für den ehrlichen Dieb eine Art fremde Rasse. Ihm gegenüber darf man das Wort brechen. Der Sohn eines *wor* wird all dies für überholt halten.

Wie Spinnen überzogen die seit Ende der Achtziger- und Anfang der Neunzigerjahre entstandenen *gruppirowki* die fernöstlichen Weiten mit ihren Netzen. Tausende waren es, mit drei bis hundertfünfzig Mitgliedern. Wurde ein *brigadir* zu mächtig, beanspruchte er fremdes Gebiet, hielt er eine Zahlungsfrist nicht ein, wurde er mit einer Autobombe in die Luft gesprengt, und die Machtkonstellation änderte sich. Man umkämpfte den Hafen von Wladiwostok und wurde fett von den Fliegen, die ausgesaugt in den Maschen hingen. Am elendsten erging es den Alten, in deren zwangsgeräumten Wohnungen quartierten sich die Jungs ein.

Während der junge Mann zum *schod worow* (Versammlung der Diebe) fährt, hört er sich den kommerziellen Radiosender an, wo eine Frauenstimme zwischen zwei Reklamen für ihn singt: »Ich werde dich anlächeln ... Das Mädchen wartet, und der Bursche kommt nicht.« Das sowjetische Lied *mama inschener* gefällt ihm nicht, es ist veraltet. Schließlich bewarb sich Mama unter hundert Kandidatinnen um den schicken Beruf eines Croupiers im Spielkasino des Paten. In einem monatelangen Kurs lernte sie, mit herumfliegenden Gesten Karten zu verteilen, Zahlen am Roulettetisch zu verkünden und südkoreanische und japanische Geschäftspartner hilflos anzulächeln.

Katjuscha, Marussja und Natascha flüstern mir in Pudels Restaurant verschwörerisch zu:

»Früher war der Mann zahm, von unserem Gehalt abhängig, heute hat er so viel Geld, dass er mit uns machen kann, was er will.«

Sie gießen mir noch einen Cognac ein, lachen übermütig und beschließen:

»Wir geben nicht auf.«

Andrei führt mich ab, bezeichnet die Frauenrunde als Komplott und Katjuscha, Marussja und Natascha als auf mich angesetzte Agentinnen des KGB, und ich frage ihn:

»Woher kommt eure Frauenverachtung?«

»Vom Lager. Dort zirkulieren Geschichten von der weiblichen Falschheit, von der Zwietracht, die die Frau in die Männerfreundschaft sät.«

»Bekennt man sich unter Männern nicht zur Liebe für eine Frau?«

»Nur jemand von einem hohen Rang kann es sich leisten, Gefühle zu zeigen, ohne als weibisch zu gelten. Er hat seine Männlichkeit bereits bewiesen. Andererseits romantisiert der Häftling die Frau, die jedoch als lebendiger Mensch seinem Ideal nie genügen wird. Er rächt sich dafür, begehrt sie nur sexuell, erobert sie. Die Frau ist von vornherein verachtungswürdig, weil sie sich unter den Mann legt.«

»Gibt es Frauen, die trotz ihres Geschlechtes geachtet werden?«

»Nur die Mutter eines *awtoritet*. Sie wird vergöttert. Der Sohn darf sogar weinen, wenn sie ihn in der Zone besucht.«

Die *kommersanty* und *bisnesmeny* bieten mir die auserlesensten Speisen an, und ich esse sie nicht auf. Sie sind verletzt, Lust oder Unlust existiert nicht, wenn es bei Tisch darum geht, die Gastgeber nicht zu beleidigen. Sie beherbergen mich in Pudels Hotel. Ich bestehe darauf, das Hotelzimmer selbst zu bezahlen, um Objektivität zu wahren. Wovon spricht sie? Haben wir ihr nicht hinreichend gezeigt, wie edel, wie geschäftstüchtig wir sind? Behutsam, aber beharrlich sprechen sie mit mir, mit Worten, die etwas andeuten und das Wesentliche auslassen, Tabus umgehen, beschönigend, als hätten sie eine romantische Vorstellung von der Sprache. Sie öffnen mir galant alle Türen, helfen mir in den Mantel, kutschieren mich in warmen Karossen, stütze mich beim Treppensteigen, reichen mir die Hand beim Überqueren des kleinsten Straßengrabens, scheinen bereit zu sein, das Leben für meinen Schutz herzugeben, nehmen mir die Last der Handtasche ab und wollen mir, ganz selbstverständlich, auch die Last der eigenen Gedanken abnehmen. Sie überbieten sich selbst, und ich verstehe es immer noch nicht. Sie zweifeln an sich selbst:

»Wir sind eben keine Gentlemen wie die Westler.«

Dann beraten sie sich und stellen mir einen jungen Mann mit sonnigem Gemüt zur Seite, der als Einziger kein Gulagkind ist. Und er trägt mich fast auf Armen über den Schnee und erklärt mir alles noch einmal. Ich höre nicht hin und rufe aus:

»Was für ein schönes nördliches Licht!«

Und der Ferne Osten atmet auf. Also doch, der Westen scheint es sich zu überlegen, er wird auf unserer Seite sein. Sie lassen dem Paten des Fernen Westens ausrichten, er brauche sich vor ihnen nicht zu fürchten, denn sie wünschten sich selbst nichts sehnlicher als *ziwilisowanny bisnes*.

»Was möchte Ihr Boss eigentlich wissen?«

»Ich möchte schreiben, was ich hier gesehen habe.«

Diese Fremde spricht geheimnisvoll. Schierer Unsinn, dass der raffinierte Westen es so direkt meinen könnte, wie er es sagt. Und einen bloß neugierigen Einzelmenschen ohne eine mächtige Struktur im Rücken würden sie nie achten können. Wären sie nicht überzeugt davon, dass mich ein westlicher Pate zu ihnen geschickt hat, damit ich in seinem Auftrag auf eine naiv gespielte Art sein zukünftiges Einzugsgebiet erkunde, würden sie mir für meine Neugier wohl einen Denkzettel verpassen, und ich möchte mir lieber nicht ausmalen, was für einen.

Sie kennen nur das Staatsfernsehen und Pudels Privatsender, wo man sein unergründliches Gesicht zum schütteren blonden Haar sieht, mal steht er bei einem von ihm spendierten Autorennen, mal sitzt der Wohltäter inmitten einer Runde von Behinderten oder von Kriegsveteranen, mal betet er in der Kirche oder schreitet neben Kosaken in traditionellen Uniformen mit Säbeln und Ikonen inmitten seiner Armee, die er finanziert.

Als mein Fotograf eine Gruppenaufnahme vorbereitet und Pudel instruiert: »Stellen Sie sich hier hin, nein, seitlich, öffnen Sie leicht den Mund, damit man Ihre goldenen Zähne sieht, lassen Sie die Pelzmütze auf«, und Pudel seine Anweisungen stur befolgt, wendet sich Andrei erschrocken ab und flüstert mir zu:

»Wäre er nicht dein Fotograf, läge er längst am Boden, und man würde mit ihm Fußball spielen.«

Zu seiner Berufsbezeichnung meint Pudel: »Menschenrechtskämpfer.«

Zu den zwei Spielkasinos, dem Hotel, den Restaurants und ein paar Läden winkt er ab:

»Das Geld tropft bloß.«

»Und woher fließt es?«, frage ich.

»Ist das ein KGB-Verhör?«

Er geht hinaus, und Andrei versucht diese Barschheit zu erklären:

»Pudel möchte nicht, dass eine Frau ihn wegen seiner Vergangenheit bemitleidet, lieber soll sie ihn hassen.«

Seinem Spitznamen ist er treu, zu Hause hat er einen weißen Königspudel namens Dinka. Hier in seiner vertrauten Umgebung wirkt Pudel eleganter als in Moskau, stolziert im Ledermantel wie ein schwarzer Pfau, setzt sich aber immer mit dem Rücken zur Wand, heftet den Blick an die Tür, falls ein feindlicher Clan oder die Polizei den Raum stürmen sollte. Gern spricht er von einer Prophezeiung, wonach der nächste Messias aus dem Fernen Osten kommen würde, um Russland und den ganzen Planeten zu erlösen. Er erwähnt die Filialen seiner Bewegung *Jedinstwo* in den USA und Kanada, einen Geschäftsbesuch in der Schweiz und seine Mitgliedschaft in der konsultativen Menschenrechtskommission von Präsident Jelzin, oder er beklagt den Hass der Chabarowsker Behörden auf ihn, den inoffiziellen Bürgermeister, der nach eigenen Worten die in seiner Heimatstadt miteinander verfeindeten Clans in Schach hält und die Kriminalitätsrate senkt, aber aus Angst vor einem Anschlag bloß einige Tage im Monat in Chabarowsk verbringt.

»Und Ihre Frau und Ihre beiden kleinen Söhne?«

»Sie können bleiben. Chabarowsk ist nicht Moskau. Hier hält man sich an die Abmachung, dass die Familie nicht angetastet wird.«

Er lässt durchschimmern, dass dies sein Verdienst sei, und schon eilt er in die USA zu einem Geschäftstreffen mit Japontschik – ein Dieb im Gesetz, der sich aus dem Fernen Osten in die USA abgesetzt hat. Pudel selbst ist kein Dieb im Gesetz, sondern nur ein *awtoritet*, der während der Haft als Verwalter der Diebeskasse das Vertrauen der *bratwa* genoss. Viele fürchten sich vor ihm, und er fürchtet sich vor Dschem, dem Oberboss der gesamten Region Primorje um Wladiwostok herum samt Chabarowsk. Als ein mit Dschem verbündeter *awtoritet* ermordet wurde, ist Pudel, dem diese Tat angelastet wird, obwohl er sie bestreitet, untergetaucht.

Das Staatsfernsehen kommt und fragt mich:

»Wie ist Ihr Eindruck von unserer neuen Geschäftswelt?«

Ich schaue verzweifelt in die Kamera und seufze:

»Sie lassen mich nie allein, sie lassen mich nicht denken.«

Einmal stehe ich wortlos vom üppig gedeckten Tisch in Pudels Restaurant auf, achte nicht auf die vor der Tür postierten Wachen und renne auf dem gefrorenen Schnee davon, vorbei an Müllhalden, einer Chemiefabrik, Hochhäusern und Hockey spielenden Jungen, vorbei an ihren kleinen Gesichtern, die schon das professionelle Misstrauen beherrschen. Es ist eine schizophrene Landschaft, unter kahlen Bäumen und Sträuchern liegen aufgeschlitzte Autoreifen, rostende Metallobjekte, zerbrochene Bretter, ein erstarrtes Chaos, niemand verrückt es, es ist schon verrückt. Ich renne geradeaus und komme auf eine schneebedeckte Ebene. Ich höre das Krachen der Eisschollen. Es ist der Fluss Amur, der in Chabarowsk fünfzehn Kilometer breit ist. Dahinter wölben sich die Hügel der Mandschurei. Ich bin am Ziel angekommen bei *Amur batjuschka* (Väterchen Amur), beim uralten Paten des Fernen Ostens. Hier fühle ich mich das erste Mal seit drei Wochen, die ich mit den *kommersanty* und *bisnesmeny* verbracht habe, frei, aber schon umkreisen mich die Stimmen von Pudels Leibwächtern:

»Kommen Sie bitte mit, wir haben Angst um Sie.«

Ich sitze bereits im Flugzeug, als der Steward Andrei auffordert, hinauszugehen, um etwas mit dem Gepäck zu klären. Ich warte vor dem Guckloch, angesteckt vom Virus meiner Gastgeber: Welche Mafia rechnet jetzt mit Andrei ab? Die KGB-Mafia, die Partei-Mafia, die Polizei-Mafia, die Behörden-Mafia, die Mafia der Diebe oder die Mafia, verflochten mit Kriminellen und Staatsbeamten? Und welche Mafia ist schlimmer? *Mafia*, dieses sizilianische Wort für »wunderbar«, erscheint mir wie buntes Packpapier und Russland als Paket. Ich denke an meinen schmächtigen, unkonzentrierten Leibwächter, er raucht ständig Gras und betrinkt sich ab und zu, hat Tuberkulose und ein zerfurchtes dreiunddreißigjähriges Gesicht. Wie konnte er mit so einem beweglichen Gesicht, das alle Regungen freilegt, der Anführer einer *gruppirowka* in Wladiwostok sein und später acht Jahre lang eine geachtete Stellung im Straflager haben?

Andrei besitzt noch keine Lederjacke, aber seine Mutter hat ihm eine versprochen. Sein Rücken ist gänzlich tätowiert, zwischen den Schulterblättern prangt eine orthodoxe Kirche mit drei Kuppeln, in der Diebessprache bedeutet das: Dreimal wurde Andrei verurteilt. Wird er jetzt verprügelt, erschossen oder erneut verurteilt und lässt sich eine vierte Kuppel eintätowieren, im Gulag, von dem er sagt, das sei nicht das Schlimmste?

»Und was ist das Schlimmste?«, frage ich ihn.

»Das, was mit Russland geschehen könnte.«

Andrei kommt zurück, und wir fliegen wieder über riesige menschenleere Landschaften. Die spärlichen Siedlungen darin sind Straflager, die die Menschen wie Staubkörner aufsaugen, um sie Jahre später auszuspucken. Vorne im Flugzeug sitzt ein magerer Bursche, der offensichtlich gerade freigekommen ist, er dreht sich unruhig im Sessel, die Stewardess bringt ihm eine Champagnerflasche nach der anderen, er steht auf, torkelt, setzt sich wieder hin, kann keinen Platz finden, und die Passagiere wissen: Die *gruppirowka* wird ihm einen geben.

Von der
Hand in den Mund

In meiner Kindheit galt Deutsch als die Sprache der Nazis. Zu den Hinterhofspielen in den Fünfzigerjahren gehörten schneidende Befehle aus sowjetischen Kriegsfilmen: »Halt, Hände hoch!« Mein deutscher Wortschatz entmilitarisierte sich, als mich meine schlesische Großmutter – sie sprach mit mir nie in ihrer Muttersprache – in einen Deutschkurs schickte. »Deutsch ist eine Weltsprache«, sagte sie leise, denn nach dem Krieg war es nicht ratsam, sich nach dieser Sprache zu sehnen. Doch irgendwann würde ich wohl unser Provinzstädtchen verlassen und es gegen die Welt eintauschen, im Gepäck die Weltsprache wie nahrhaften Speck.

Von der weiten Welt war im DDR-Lehrbuch allerdings nichts zu spüren, ich hielt es in dem Kurs nicht lange aus und stillte meinen Sprachhunger mit Russisch, berauschte mich an den mir halb fremden, halb vertrauten slawischen Wörtern und redete heimlich ein russisches Kauderwelsch mit mir selbst. Eine verpönte Leidenschaft, die niemand erfahren sollte. Auch der Sprache der Sowjets begegnete man mit Missachtung. Doch mir schenkte meine erste Fremdsprache, die wir als Pflichtfach ab der vierten Klasse lernten, eine Verwandlung, auf Russisch wurde ich mir selbst aufregend fremd.

Ich dachte, die Etikettierungen in gute und böse Sprachen hänge mit unserer Isolation zusammen, über die ich mich hinwegsetzte, um im Sprachhimmel die Lippen für immer neue

Abenteuer zu spitzen, bereit, allerlei Grammatik zu büffeln. Aus der Stadtbibliothek lieh ich mir Bücher der Weltliteratur aus, meist in tschechischer Übersetzung. Die ersten Gedichte schrieb ich auf Tschechisch, es schien mir angebracht der Poesie eine Sprache zu verleihen, die mir noch näher als das Russische war und gleichsam fremd genug, um vornehm zu klingen.

Wenn meine Eltern und meine Großeltern gedämpft Ungarisch miteinander sprachen, wusste ich, dass die politische Lage ernst war. Das Ungarische ist eine Sprache geblieben, die ich nicht verstehe, nicht verstehen darf. Ich stehe vor ihrem geschlossenen Tor, obwohl jede Zelle meines Körpers sie aufgesogen hat. Falls es mir gelänge, den ungarischen Code zu knacken, würde ich die ganze Wahrheit erfahren, doch zu viel Wissen bringt Unglück, so glaubte man es damals. Ich werde Ungarisch weiterhin nur mit meinem Körper verstehen.

Als ich in Basel im Hauptfach Slawistik studierte, vor allem russische Literatur und Sprache, befremdete das nicht nur meine Eltern, sondern auch manche meiner exilierten Landsleute. Doch haben nicht die sieben Demonstranten auf dem Roten Platz das Russische vom Makel des Aggressors restlos gereinigt? Meine Sprachliebe konnte ich locker auch über die russischen Bomben, die ich den Neunzigerjahren in Tschetschenien fallen sah, hinwegretten.

In der Deutschschweiz fand ich einen geradezu vorindustriellen Sprachzustand vor. Die Organe Mund und Hand sind getrennt, man redet Mundart und schreibt Schriftdeutsch. Manchmal wurde von älteren Menschen die Unliebe für das Hochdeutsche mit dem Argument begründet, das sei die Sprache des Dritten Reiches, dann fühlte ich mich in die geistige Welt der Nachkriegszeit zurückversetzt. Ich will meine deutsche Spracheinheit nicht aufgeben. Der Mund folgt der Hand, und die schreibende Hand geht ins gesprochene Wort über. Diese Leichtfüßigkeit ist hart erarbeitet.

Als ich den Sprachwechsel vollzog, gab es noch keine »Migrantenliteratur«, und ich kann mich nicht erinnern, von jemanden zum Schreiben in der fremden Sprache ermutigt worden zu sein. An das Dogma, dass Literatur nur in der Muttersprache gedeihen kann, glaubte auch ich und bezeichnete damals mein unerhörtes Tun als »Besetzen des fremden Territoriums, ein schwindelerregender Raub«. Ich meinte, ich hätte kein Recht darauf, aber ich nahm es mir.

Die Wahl des Deutschen entsprang nicht einer Laune oder Eitelkeit. Sollte ich weiterhin in der Muttersprache schreiben, für die Exilsender Free Europe, BBC und Deutsche Welle? Ausschließlich dabei zu bleiben, hieße, ein rückwärtsgewandtes Schattendasein zu fristen. Lieber Deutschfehler riskieren. Dass es möglich ist, einen Wortberuf zu ergreifen, für den ich schlechte Voraussetzungen hatte, und die sprachliche Unvollkommenheit gar als Vorteil für Neuschöpfungen zu nutzen, bleibt eine überwältigende Entdeckung. Als ich noch nicht glaubte, es könnte mir gelingen, heiratete ich einen deutschen Schriftsteller, und im Unbewussten hoffte ich, er würde all das aufschreiben, was ich fühlte und wusste.

Beides bin ich, eine Schreibende, die in ihrer Kammer sitzt und die Schrift herstellt, doch davor bin ich unterwegs als Detektivin, als Schnüfflerin mit einer seelischen Taschenlampe über der Brust, und steige in verborgene Abgründe hinab. Den Auftrag dazu erteilt mir mal die Neugier, mal die Liebe oder die Wut, mal die Sehnsucht nach Erkenntnis oder all dies zusammen. Wenn ich die Abgründe ausgeleuchtet, den Verwesungsgeruch und allerlei Düfte auseinandergenommen habe, beruhige ich mich und steige auf der Leiter eines neuen Textes hinauf. Indem ich schreibe, vollziehe ich rituelle Handlungen, wasche mir die Hände und trockne sie ab. Die geschriebenen Worte als Leiter, als Wasser, als Seife, als sauberes Handtuch. Wie frisch ich da stehe, wenn der Text beendet ist! Ich spaziere über den Abgründen, die ich säuberlich in Buchstaben gebannt habe, und liebkose sie mit den Augen.

Es gibt Länder, wo man sich durch Schlagfertigkeit und Sprachfarbe die Gunst des Gastlandes sichert, in der Deutschschweiz aber sind die Fremden eher willkommen, wenn ihre Sprache farblos und gebrochen ist. Ein allzu glattes Hochdeutsch wird als Überlegenheitsgebärde dechiffriert. In Dialekt hinkende Fremde sind willkommener als die auf Hochdeutsch tänzelnden. Nicht die geschliffene Weltsprache, sondern das fremde Kleine und Schriftlose sollen sie sich aneignen.

Die Zensur des Durchschnittsmenschen ist unbarmherzig. Integration bedeutet, die Freude am Hochdeutschen zu mäßigen und die lokale Mundart zu sprechen, wenn auch radebrechend. Der Dialekt ist der Inbegriff der emotionalen verbalen Kommunikation. Aber ich kann nicht in einen intimen Dialekt einwandern wie in ein fremdes Schlafzimmer. Im Wohnzimmer der Hochsprache ist es geräumiger.

Der Überlebenstrieb rät mir, die Sätze in der Mitte abzubrechen, den Konjunktiv zu meiden, einfache Wörter zu wählen, im Akzent die hiesige Schwere nachzuahmen. Nur nicht eloquent werden, nur keinen Rausch! So lässt man mich in Ruhe, so bin ich keine Konkurrenz und verbrauche weniger Kraft. Ich eile dann zum Computer, tobe mich im Text aus, veranstalte Sprachorgien, beweise mir, dass ich auf Deutsch ganz sein kann. Würde ich mit derselben Entdeckerfreude, mit derselben Sehnsucht nach Geschmeidigkeit arbeiten, wenn ich meinen Sprachhunger auf der Straße stillen könnte?

Wiederholt sich hier die Prägung aus der Diktatur, in der verbotene Wörter Fledermäusen gleich im Dunkeln entlang der kommunistischen Mauern flogen? Brauche ich gar diese quälenden Bedingungen, um überhaupt schreiben zu können?

Steige ich in Basel am Badischen Bahnhof in den Zug ein, ist es, als geriete ich in meinen eigenen Text. Es gibt sie also, diese

Sprache, in der ich schreibe! Ich habe sie mir nicht ausgedacht, bin nicht allein mit ihr. Mein illegales, verrücktes Tun ist in Deutschland erwünscht, es ist die Norm.

All die Mühen beim Erlernen der deutschen Sprache haben sich gelohnt, sodass ich jetzt den Textkörper professionell knete. Hätte ich die Sprache am Wegesrand gelassen, wäre ich wohl eine mit den Händen andere Körper knetende Masseuse oder auf Zehenspitzen tänzelnde Ballerina geworden. Doch ich verließ mich nicht nur auf die Biegsamkeit des Körpers, bis heute trainiere ich täglich im eigenen Kraftraum die Muskeln meiner Schreibsprache.

Ab und zu werde ich mit der Empörung des Publikums konfrontiert:

»Aber Sie schreiben besser Deutsch als wir!«

Ich erkläre, dass ich an dieser Sprache schleife wie eine Tischlerin an ihren Tischverzierungen, dass das Schreiben ein Handwerk sei und nicht aus der Muttermilch komme, auch wenn es fließen mag.

An Lesungen bemühe ich mich, nicht zu stottern, auch wenn solch eine Slawin erwartet werden sollte. Das ist der soziale Ort meiner Freiheit. Eher Goldschmiedin bin ich als Tischlerin. Ich strahle, wenn meine geschriebenen Wörter zu Perlenketten werden, mögen es auch Wörter über allerlei Tragödien sein. Aber die Mühe des Handwerks würde nicht ausreichen, jeder Text wird zum Wunder, das mir widerfährt, er fügt sich wie von selbst zu einem Ganzen zusammen, offenbart mir Stilmittel, Gedanken und Bilder, die ich noch nicht kenne, die ich erst im Schreibprozess kennenlerne. Schreibe ich, finde ich mich auf dieser Welt zurecht – indem ich sie mitgestalte.

Als ich einmal mein Deutschschweizer Publikum für die Liebe zum Hochdeutschen agitierte – ich wusste sehr wohl, wie waghalsig mein Tun war –, antwortete mir ein Mann:

»Liebe kann man niemandem aufzwingen.«

Es gibt sie, Schweizer und Schweizerinnen, die meine Sprachlust teilen. Als ich 2013 zusammen mit dem Literaturwissenschaftler Peter von Matt in Zürich auftrat und die Moderatorin ihn bat, Mundart zu sprechen, enttäuschte er sie mit der Begründung, er wähle stets Hochdeutsch, wenn es jemand in seiner Anwesenheit spreche. In einem Essay vergleicht er die Sprachsituation in der Deutschschweiz mit einem Fahrrad – ein Rad sei der Dialekt, das andere Rad das Hochdeutsche, und man brauche beide, um fahren zu können. Diese Metapher nehmen ihm jene seiner Landsleute übel, die lieber ein Einradvelo im Keller haben. Von Matt hält das überstrapazierte Argument, der Dialekt sei die einzige und echte Muttersprache, für Kitsch. Die Deutschschweizer hätten zwei Muttersprachen, und die Abwertung des Hochdeutschen sei gefährlich und provinziell. So schneide man sich von der ganzen deutschen Kultur ab, verliere ein unersetzliches Stück seiner Heimat.

Komme ich nach Deutschland, kehre ich aus der sprachlichen Verbannung ins Mutterland zurück, weile im Zustand der Urwonne. Komme ich zu den Germanen, bringe ich Holz in den Wald, bringe mein Deutsch nach Deutschland, biete es an. In diesem Dickicht gibt es Holzabnehmer.

Nach einer Lesung in Osnabrück sagte mir eine Frau im Publikum:

»Sie schenken uns unsere eigene Sprache zurück. Wir wussten nicht, dass sie so schön sein kann.«

In Osnabrück wurde ich im schönsten Haus der Stadt untergebracht – die Fassade beschriftet, die Zimmerdecke durchzogen mit Holzbalken –, im alten Hotel Walhalla. Erich Maria Remarque verkehrte in diesem Haus, bevor er wegen seiner Antikriegsbücher Nazideutschland verlassen musste. Er hatte geschworen, nie mehr deutschen Boden zu betreten. Er hielt Wort und starb 1970 im Schweizer Exil. Ich hatte als Jugendliche seinen Roman *Im Westen nichts Neues* in slowakischer Übersetzung gelesen und den Autor verehrt. Ich kam ins Walhalla, als sei es auch eine Rückkehr für Erich Maria Remarque. Für zwei Tage.

Schreiben
im Krieg

Nun bin ich Kriegsreporterin, und vor mir liegt meine erste Kriegsleiche. Als ich das schwarze Loch erblicke, das sich statt des Gesichtes im Schlamm öffnet, wende ich den Blick ab, bedecke das Gesicht mit den Händen, trete zurück und stimme ins Geheul der Bäuerinnen ein, mit denen ich den Fund mache. Ich folge einem Instinkt. Mein zweiter, ebenfalls nur sekundenlanger Blick ins Loch ist ein anderer, er ist schon bewusst, ein Willensakt, ich besinne mich auf meine Rolle und zwinge mich, die von den Ratten ausgefressene Leere mit den Augen abzutasten, um später davon Zeugnis abzulegen. Ich habe damit auch eine Kriegsmetapher gefunden. Zunächst mal ist aber das Loch eine neue, erschreckende Wahrnehmung, und ich vertraue sie dem Gedächtnis an. Ich gehe im März 1996 durch die Ruinen von Sernowodsk wie somnambul im Zustand luzider Konzentration, ungeheure Verschiebungen der gewohnten Konstellationen der Dinge stürzen auf mich ein, drohen meine Sinne zu sprengen.

Die Bäuerinnen aus Sernowodsk haben mir ein Kopftuch umgebunden, mir dadurch die Rolle der Spionin zuerkannt, für die ich mich selbst gemeldet hatte. Eine Denunziantin des Unrechts soll ich werden; ich lasse mein bisheriges Leben bei den russischen Panzern vor der Dorfabsperrung zurück und sorge mich darum, ob das Gedächtnis, mein einziges Werkzeug, nicht vor Überforderung kollabiert. Behutsam behandle ich dieses Organ, lege die Eindrücke säuberlich getrennt voneinander in eine Art Archiv, dessen Kapazität ich noch nicht kenne. Es ist eine neue Arbeitsweise ohne Tonband, ohne Notizen, in Eile während ein paar Stunden im Durcheinander des Dorfes, das eine Woche lang bombardiert worden ist. Ich greife zufällige Bildausschnitte auf, starre auf etwas, bleibe mal stehen, dann friere ich das Bild mit Worten ein, sage die Sequenz ein paar Mal für mich. Es sind ungewohnte und doch identifizierbare Bilder, die sich meine Wahrnehmung aussucht. Erfolgt die Selektion nach einem Prinzip?

Meine Sprache im Dorf ist das Russische, mit seiner Hilfe schneide ich die *flashes* heraus und archiviere sie. Seit Tagen spreche ich nur Russisch, meine Muttersprache wie auch meine deutsche Schreibsprache haben sich von mir entfernt, tauchen nur selten und blass als einzelne Wörter auf. Da breitet sich vor mir der Hauptdarsteller des zerstörten Dorfes aus, der allgegenwärtige Schutt, aber dies ist auch nicht annähernd das passende Wort für das, was wir in den Höfen, Häusern, Ställen, auf Straßen vorfinden. Ich murmle auf Russisch: *oskolki, oblomki*, Splitter, Bruchstücke, rufe das Slowakische herbei: *črepiny, prach*, Scherben, Staub, füge das deutsche Wort *Trümmer* hinzu. Dieses Gemisch aus Materialien, diese geschändeten Formen haben keine Namen. Es sind Dinge im Ausnahmezustand, für die kein Vokabular entwickelt worden ist. Für ihre Besitzerinnen sind es Reste der alten nützlichen Gegenstände. Dafür gibt es in den verschiedenen Sprachen nur Sammelbegriffe, obwohl diese Teile, Stückchen, Fetzen durch die Wucht des Krieges individuell geschnitzt und in einen Zusammenhang mit anderen Teilen gebracht worden sind, die sie sonst nie erfahren hätten. Gerade durch das Sprengen ihrer ursprünglichen Formen und durch die neue Gestaltung bekommen die Teile für mich ein Eigenleben, ein beschädigtes. Ihr Schmerz berührt mich. Sie sind soeben verwandelt worden, haben keine Funktion mehr und werden als namenloser Schutt weggefegt, irgendwann ersetzt durch Formen, die man auseinanderhalten und benennen kann.

Ich sehne mich nach einer Sprache, die all diese Dinge, die keine Dinge im herkömmlichen Sinne mehr sind, in ihrem neuen Stillleben im Krieg präzise beschreiben könnte, sonst fallen sie wieder auseinander, die Wahrnehmung verweigert die Weitergabe ans Gedächtnis. Ich habe längst vergessen, wie ein Hof, voll mit dem nichtssagenden Wort *Schutt*, aussieht, nur einzelne fassbare Bilder habe ich daraus retten können: Auf dem Lehmboden steht ein staubiges Einmachglas halbvoll mit brauner Marmelade, und im gelben Metalldeckel klafft ein Messerstich. Ich nehme dieses Bild als eine Kriegstrophäe mit. Ich kenne nur einen Ausweg, einen sprachlichen. Ich will die Dinge nicht zusammenkleben, ihre Zerrissenheit nicht verbergen, nicht Ganzheit vortäuschen, so wie ich selbst nicht als unversehrt gelten will. Im Schreiben über den Krieg in Tschetschenien begreife ich, woher meine Sehnsucht kommt, der Zerstörung eine gerechte, eine sprachliche Existenz zu verleihen, gleich mir, die sich im Exil in der neuen Sprache aufgerichtet hat, in ihr die Würde der Verletzten fand. Diese Sprache soll nicht geglättet werden, mein Schicksal will ich aus ihr nicht ausmerzen. Die Auferstehung in der deutschen Sprache ist das einzige Haus, das ich aufgebaut habe, die Worte sind meine gestalteten Dinge. In jedem Wort ist der Überlebenswille. In dieser Tat füge ich Misstöne und Anmut zusammen. Der poetische Akt als Haltung zur Welt.

Ich sehe mich auf dem Beifahrersitz. Ich sehe viel Nässe, Wolkenbrüche über den Scheibenwischern, drinnen in der Autokapsel ergießen sich meine Augen. Ich sehe die fremde Welt und mich selbst verschwommen. Am Steuer sitzt die Mutter. Ich werde geflüchtet. Ich will in die entgegengesetzte Richtung rennen, weg vom Nass, hin zum Metall der Panzer, die das Land überrollt haben, um mich vor ihnen aufzurichten, in

Drohgebärde. Ich werde dieser Auflehnung beraubt. Ich komme geschichtslos irgendwo an, werde hingestellt, aus der Kiste ausgepackt, bin noch nass wie ein Neugeborenes. Nass steht für entblößt, für die zitternde Unbehaustheit, nass steht auch für den Anfang.

Das ist die Geschichte einer Verwandlung. Ich gehe in die Drillstätte der neuen Sprache, lerne den Umgang mit den metallenen Worten. Die fremde Sprache ist nicht die überweiche, feuchte Plazenta der nährenden Muttersprache. Ich greife nach den neuen Wörtern, die in meiner Hand zu Meißeln und Speeren werden. Es ist Reichtum, den die junge Frau in der Fremde erworben hat – ein Werkzeug und zugleich eine Waffe. Sie schaut das Werkzeug an, sie schaut die Waffe an, sie hat Abstand zu diesem Gegenstand und wechselt zu ihm hinüber. Sie sieht sich selbst, sie schreibt in der erworbenen Sprache, die sich fest anfühlt, sodass die Fremde sie halten kann. Auch wenn sich die neuen Wörter zuweilen dem Griff entziehen, sie zerfließen nicht, zerbröckeln nicht, sie mögen davonrollen, aber die Schreibende hat schon einen scharfen Suchblick. Sie sammelt die Sprache wieder auf. Aus geschmeidigen Wörtern schneidert sie sich ein neues Kleid. Nun ist sie angezogen. Die Ästhetik der Wörter ist ein Gesetz, dem sich die Schrecken fügen, die so erträglich werden.

Sie hört von Panzern und Hubschraubern, die ein kleines Bergland bedrängen, sie hört, dass das Land sich wehrt und stirbt. Seit dieser Nachricht ist sie unruhig, dreht sich im Kreis. Auf einmal rennt sie los, sie rennt nicht vor etwas und nicht zu etwas, sie rennt, um sich zu stellen.

Geboren nach dem Krieg, aufgewachsen in der Nachkriegsgesellschaft mit Partisanengeschichten, sah ich im Dezember 1994 im Fernsehen tschetschenische Frauen mit ovalen Gesichtern, umrahmt von dicken wollenen Kopftüchern, wie sie eine Menschenkette gegen die nach Grosny rollenden Panzer bildeten. Dort, im unbekannten Kaukasus, erblickte ich das Urbild der zeitgenössischen Heldin.

Als der Chefredakteur eines Schweizer Magazins mir eine Reportage über den italienischen Mann anbot, lehnte ich ab:

»Ich kenne den italienischen Mann nicht.«

»Fahren Sie hin, Sie werden ihn schon noch kennenlernen.«

»Ich will lieber die tschetschenische Frau kennenlernen.«

Und so brach ich mit einer kugelsicheren Weste im Gepäck auf. Die Redaktion hatte vergessen, die Weste mit dem Wichtigsten auszustatten – den Metallplättchen. Zwar hat mir in Moskau der russische Journalistenverband die Plättchen ausgeliehen, doch es ist ein treffendes Bild dafür, wie psychisch ungeschützt ich mich in die Kriegslandschaft hineinwagte.

Mein Traum wurde wahr: Ich wurde eine von den Frauen im zotteligen Kopftuch, ausgestattet mit derselben Verletzbarkeit. Diese Haltung wurde zum Selbstverständnis meiner Rolle, die mein politisches Denken und Fühlen umgekrempelt hat. Ich erlebte, wie ein Volk inmitten der Gleichgültigkeit der Weltöffentlichkeit der Vernichtung anheimfiel.

Ich stelle mich vor die Panzer, endlich schaue ich mir die jungen Gesichter der Soldaten an, vor denen ich einst weggezerrt worden bin; wie ich mich danach gesehnt habe, Steine gegen die bizarren Metallformen zu werfen. Nun bin ich bewandert im Wortwurf, meine Steinsprache eignet sich für den Kampf. Ich werfe sie ins Satellitentelefon, damit sie im deutschsprachigen Raum gedruckt wird, und wenn ich Tschetschenien verlasse, führe ich im Gepäck die Stimmen der bäuerlichen Wölfinnen mit mir.

Entgegen meiner Erwartung liegt keine apokalyptische Stille über den gegenständlichen Resten. Das Dorf ist erfüllt von Tierlauten und Bewegungen der streunenden Hunde, Katzen, Hühner, losgebundenen Rinder und Schafe, die scheinbar gleichgültig neben Kadavern ihrer Artgenossen weiden. Laute

Dorfbewohner fliehen im März 1996
vor russischen Bombardierungen und Säuberungen
aus den tschetschenischen Dörfern
Sernowodsk und Samaschki nach Inguschetien.

des Hungers, des Durstes, des Schmerzes der vollen Euter. Die Dominanz der Tiere ist umso verblüffender, weil ich Tiere aus Zeitungskriegsberichten nicht kenne. Ich nehme mir vor, ihnen in meiner Reportage einen gebührenden Platz zu geben. Es scheint mir, als seien die Ruinen eine Wildnis, die den domestizierten Tieren zurückgegeben wurde. Bei der Ankunft der Menschen eilen Jungtiere, Fohlen, Kälber auf uns zu, die Bäuerinnen grüßen sie zärtlich, und in mir steigen trotz des Verwesungsgeruches biblische Assoziationen auf. Gleichzeitig bin ich mir bewusst, dass die Beschreibung einer paradiesischen Versöhnung zwischen Mensch und Tier in diesem Zusammenhang danebengeraten kann. Die Redakteurin streicht dann den Bibelvergleich.

Es ist Vorfrühling. Beim Anblick des Nebeneinanders von Tod und neuem Leben wühlt mich der Überlebenswille mehr auf als die Kadaver, er ist wie angestachelt vom Tod. Ein unversehrtes Dorf wirkt toter als dieses hier, wo alle Strukturen aufgelöst worden sind. Kühe irren herum, ein Pferd galoppiert ohne Geschirr mit wehender Mähne an ausgebrannten Häusern vorbei. Es erinnert mich an Isaak Babels *Reiterarmee*. Darf ich überhaupt überwältigt sein? Gleich nach dem Dorfbesuch erzähle ich diesen Kontrast verwirrt einem mich befragenden Mitarbeiter einer humanitären Organisation, und er antwortet schroff und auf seine Weise richtig:

»Das Leben gibt es so oder so, aber doch nicht das Morden.«

Beim Anblick der Häuser denke ich an das nur einige Kilometer von Sernowodsk entfernte inguschische Haus, wo wir untergebracht sind. Es sieht gleich aus, aber es ist unversehrt und geräumig, mit einem hohen mit Schnitzereien verzierten Holztor. Die Bäuerinnen, die in ihre vergewaltigten Häuser zurückkehren, fragen sich:

»Was sind das für Mütter, die diese Söhne großgezogen haben?«

Ich versuche nachzuvollziehen, wie der Erziehungsüber-
bau zusammenbricht, in mir geistert der russische Begriff *umu
nepostischimo* (für den Verstand unfassbar) herum. Ich ahne,
dass man die Antwort nicht im Kopf suchen darf, ich senke die
Schultern, gehe breitbeinig, es scheint mir, dass, wenn ich unten angekommen bin, es dort einen rauschartigen Zustand
gibt, ich kann ihn nicht fassen, er schimmert unter vielen
Schichten hindurch. Auf einmal ertappe ich mich dabei, dass
ich das im Hof verlassene Marmeladenglas mitnehmen will,
obwohl ich keine Lust auf Marmelade habe. Die Soldaten haben es mir vorgemacht, die Mauer des Anstandes eingerissen.
Jetzt gehört alles denen, die es sich holen. So einfach funktio-
niert also jenes »für den Verstand unfassbar«.

Ein einmaliges Glück der Schreibenden fällt mir zu: Ich
finde die Form und auch die Sprache, noch bevor ich das Dorf
betrete. Ich gehe neben den Frauen auf der Hauptstraße auf
das rauchende Dorf zu, und die gleichmäßigen, eilenden
Schritte, dieses einzige Geräusch, unser Schweigen und beid-
seitig die Einsamkeit der verminten Äcker offenbaren mir die
Form – wir gehen, wir gehen, wiederhole ich im Rhythmus der
Schritte: Meine Reportage wird eine chronologische Beschreibung unseres Dorflaufes, ein Protokoll in knappen, schmuck-
losen Sätzen sein. Diese Gewissheit zieht mich nun durchs
Dorf. Was auch geschehen mag, ich weiß, was tun: die ganze
Kraft aufs Sammeln von Details ausrichten. Später könnte ich
den Bezug zwischen den einzelnen Szenen herstellen, oder er
würde sich von selbst durch die konsequente Beobachtung ergeben, dazwischen könnte ich kleine Überlegungen streuen
und die Dramaturgie, die das Leben geschickt führt, klarer zu
einem Bogen spannen.

Der unmittelbare Blick wechselt mit dem sezierenden ab, sie
überlappen sich teilweise, dies wird zu meiner Methode. Während ich mit den Bäuerinnen zusammen wehklage, nehme ich

schon unseren tierisch anmutenden Gesang auseinander. Gleichzeitig ist mein Weinen aufrichtig und setzt sich fort. Werden die Schrecken und das Chaos durch eine denkende Distanz eher bewältigbar, oder ist dies ein professioneller Reflex? Das Stenografieren im Kopf gibt mir zwar im Kriegsgeschehen einen psychischen Halt, später am Schreibtisch werde ich die Detailvernarrtheit hinterfragen: Ist es von Belang zu berichten, dass der Tote, den die Soldaten ausnahmsweise weder verbrannt noch verscharrt haben, nur noch einen Fetzen Stirn im Gesicht hat? Verletze ich nicht mit meinem phänomenologischen Eifer die Pietät gegenüber dem Toten, von dem ich noch weitere verfremdete Einzelheiten mitteilen werde, als wäre er lediglich ein Gegenstand, ein Kriminalfall: Eine hellblaue Tätowierung am Handrücken und seine schmutzigen Schuhe? Die Schuhe eines tschetschenischen Mannes, die von den Frauen stets so schnell und sorgfältig geputzt werden, während er in Hausschuhen am Tisch sitzt und Tee trinkt. Ist dies gerechtfertigt als Stilmittel, um die Pietätlosigkeit des Krieges hervorzuheben, die pietätlosen Ratten, die das weiche Fleisch der Wangen bevorzugen, den erniedrigenden Umstand, dass die Leiche tagelang ungeschützt im Regen lag, eine Anklage gegen den Besatzer, der nicht nur die Zivilbevölkerung mordete, sondern ihre Toten schändete, indem er Bestattungen verhinderte? Wo kippt fotografische Beschreibung in Voyeurismus um?

Der zufällige Leichenfund wird zu einem der Kulminationspunkte der »Kriegsstory«. Ich begegne dem Toten stellvertretend für die Abertausenden getöteten Zivilisten. Vielleicht löst seine Beschreibung sogar Wut und Solidarität aus. Und schon eile ich mit der genau gespeicherten Szene weiter, eine Kriminalbeamtin auf Spurensuche, die ihre Funde in ein steriles Säckchen des Gedächtnisses packt.

Überall, wo ich hinkomme, fragen mich die Frauen aufgeregt:

Russische Kontrollposten überall:
Irena Brežná verlässt als Tschetschenin
verkleidet zusammen mit Bäuerinnen
deren zerstörtes Dorf Sernowodsk.

»Wo ist denn deine Kamera?«

»Ich bin keine Fotografin, ich schreibe«, antworte ich zu ihrer Enttäuschung, als hätte ich ohne die Hand am Auslöser meine Mission verraten. Ich denke an meinen Fotografen, der nicht mitkommen durfte, benütze seinen erbarmungslosen Blick, eine unauffällige, fleißige Sammlerin im Trümmerwald. Ich schaue kaum unter die Füße, sondern um mich herum, zu den löchrigen Dächern, durch die von den Druckwellen der Detonationen zerschlagenen Fenster, gehe taumelnd, schwerelos. Zuweilen zweifle ich daran, ob ich fähig sein werde, aus der unübersehbaren Fülle irgendwelche Eindrücke zu retten. Ich hebe einige leere Patronenhülsen und geschmolzene Metallstücke von gesprengten Bomben auf, trage sie vor mir in der ausgestreckten Hand, als klagte ich an, als zeigte ich Fetische, Souvenirs, Beweisstücke der Existenz eines neuen Planeten. Vor dem russischen Kontrollposten werfe ich sie wieder weg. Später fragen mich andere Journalisten, wie viel Prozent der Häuser vollständig zerstört seien. Um mir den Anschein der nüchternen Professionalität zu verleihen, antworte ich schnell, aufs Geratewohl:

»Dreißig Prozent.«

Mit Sicherheit weiß ich, dass es in Sernowodsk ein weißes, halbblindes Kätzchen gab, das Blut von einem Kuhkadaver leckte. Sein Köpfchen war dabei geneigt, und ich sah seine rote Zunge.

Als ein Mann uns vor Minen warnt, die unter Brettern, Ziegelsteinbrocken oder frisch zugeschütteter Erde versteckt sein könnten, und uns rät, nur auf den intakten Lehmboden zu treten, ändert sich etwas. Bis jetzt war ich die Fassungslosigkeit, die Neugier, der Schreibprozess selbst, nun breitet sich in mir Angst aus, wie ein fremder Duftstoff. Sie ist herrisch, duldet neben sich keine anderen Empfindungen, zieht mir den Brustkorb zusammen, steuert die Gedanken und mein Tun. Ich lasse die mich führende Frau vorgehen und trete vorsichtig in ihre Fußstapfen in Erwartung, dass sie in die Luft geht. Ich überlege noch, ob die zwei Meter Abstand mich vor einer Explosion ausreichend schützen würden. Aber schon begreife ich, was ich tue, und schäme mich. Ich hole die Bäuerin ein und gehe von nun an neben den Frauen her. Die Angst verflüchtigt sich, kehrt nicht mehr zurück.

Die Redakteurin streicht dann die Stelle, die für das Dorf zwar bedeutungslos, aber für das Verständnis meiner Berichterstattung zentral ist. Mit den drei, vier beschleunigten Schritten, mit denen ich mich auf die gleiche Ebene mit der Bevölkerung stelle, übertrete ich die Grenzen meines Berufes oder dringe zu seinem Kern vor. Seitdem ist Sernowodsk auch mein Dorf. Wenn ich damals auf der aufgeweichten Erde auf eine Granate getreten wäre, hätte ich wohl als Letztes etwas Absurdes gedacht: Wieso fliegt mein Bein durch die Luft gegen die grelle Mittagssonne? Und wie werde ich seinen Flug beschreiben müssen, damit die Redakteurin in Zürich die Passage nicht als geschmacklos streicht? Mein Staunen ist grenzenlos, geradezu ein Existenzial, die Treue zu den Details eine Leidenschaft, die Gelassenheit habe ich von den Bäuerinnen übernommen.

Es gibt Augenblicke auf diesem *trip*, in denen ich meinen Auftrag vergesse. Inmitten einer Ruine sitzt eine dünne, junge Frau, apathisch, in einem Zustand nahe dem Wahnsinn. Ich umarme sie, sie zittert, und ich denke nicht daran, wie ich sie später beschreiben soll. Wäre ich doch länger bei ihr geblieben! Der Krieg schenkt der Reporterin viel. Äußerlich gesehen, genügt es, im richtigen Augenblick die Entschlossenheit zu haben, mit offenen Sinnen durch das Dorf zu gehen und in der schlaflosen Nacht die erste Fassung niederzuschreiben. Eine Nachrecherche ist kaum erforderlich, Analysen, Übertreibung, sprachliche Akrobatik oder Ironie erübrigen sich. Der

Krieg verlangt von mir Wagnis, genaues Hinschauen und schlichtes Handwerk.

Und doch war alles noch anders und hat auch eine lange Nachgeschichte: An dem Tag meiner Abreise aus dem Nordkaukasus erblicke ich in der Ferne abermals einen Hubschrauber. Noch ist er ein winziger Punkt. Einige Sekunden später erkenne ich, dass es ein Vogel ist. Und ich erschrecke über meine neue Wahrnehmung. In Moskau überfallen mich Brechreiz, Migräne und diffuse Schmerzen im ganzen Körper, als wandere unter meiner Haut eine metallene Kraft, die mich mit ein und demselben Muster von innen tätowiert. In Moskau bin ich weicher Teig, eine Backform mit scharfen Kanten drückt sich ins Fleisch, in die Gedanken. Meine russischen Freundinnen sagen:

»Du hast wohl in Tschetschenien etwas Verdorbenes gegessen.«

»Ja, die Form des Hubschraubers.«

Seitdem habe ich die Form in vielen Texten nachgezeichnet, sie von verschiedenen Seiten eingekreist, Stück für Stück unter der Haut hervorgeholt.

Der
Leibwächter

Kurz vor Silvester 1997 bin ich nach Tschetschenien zurückgekehrt. Alik wartete am Flughafen von Grosny. Er trug wie alle Männer eine Tarnuniform, eine Waffe und einen Bart. Doch er besaß etwas Seltenes – eine feste Stelle, und diese gab es in den Nachkriegstrümmern nur in der Leibgarde des Präsidenten Aslan Maschadow. Als unsere Gastgeberin, die Menschenrechtlerin Sainap Gaschajewa, ihm gleich am Flughafen sagte: »Diese Frau musst du wie deinen eigenen Augapfel beschützen«, schaute er mich an, als hätte er ein Lasso nach mir geworfen. Seitdem hielt er mich mit seinem wachen und misstrauischen Blick gefesselt. Er hatte gegen die russische Armee gekämpft und blieb besessen von der Idee eines Feindes. Als ich ihm sagte, der Krieg sei vorbei und es gehe nun darum, den inneren Feind in sich selbst aufzuspüren, schaute er mich grimmig an und antwortete mit fester Stimme:

»Ja, es gibt viele inneren Feinde, wir werden sie liquidieren.«

Bevor ich mein Zimmer im Flughafengebäude bezog, wo es sicherer war als im zerbombten Stadtzentrum, suchte er den Raum nach Eindringlingen ab, schickte seine Leute aufs Dach. Solche Kontrollen führte er routiniert überall durch, wo ich hinkam. Tat ich einen Schritt, entsicherte er seine Kalaschnikow und ging dicht vor mir, angespannt, als könnte jeder Schritt der letzte sein. Während der Essenszeiten standen seine Wachen schussbereit im Saal hinter uns.

Alik blieb mir geistig fremd, aber er rückte physisch von Tag zu Tag näher an mich heran. Er sprach nicht mit mir, sondern spähte nach Bösewichten und schwor, sein Leben für mich wegzuwerfen. Ich zweifelte nicht daran. Er war verbissen und todesmutig. Es gab eine reale Gefahr, entführt zu werden, und da war ein mir ergebener Mann mit einem Beschützerinstinkt, mit archaischer Lust auf den Feind, gewohnt zu töten. Ich spürte unentwegt seinen Atem neben mir. Sogar nachts wachte er vor meiner Tür. Der Selbsterhaltungstrieb wies mich an, seine Nähe anzunehmen.

Nach einem Ereignis überwand Alik den räumlichen Abstand zwischen Mann und Frau, den in Tschetschenien auch Verheiratete in der Öffentlichkeit einzuhalten haben, und wies mich streng an, mich bei ihm einzuhaken. Sich über die alten Sitten hinwegzusetzen, hat bei ihm einen Gefühlssturm ausgelöst. Zudem hatte Präsident Aslan Maschadow soeben die Scharia ausgerufen, und jede öffentliche Körpernähe zwischen Mann und Frau war auch gesetzlich verboten. Alik hat sein kühnes Tun mit der unmittelbaren Nähe des Feindes begründet. Mein Leben und seine Ehre als Mann, Bewacher, Gastgeber standen auf dem Spiel.

Aliks gesteigerte Vorsicht erwiderte ich mit gesteigerter Hingabe, mit noch mehr Hilflosigkeit. Das verpflichtete ihn zu noch mehr Wachsamkeit. Er bestand nur noch aus seinem wütenden Blick, der den Feind zu Staub zermalmen würde. Ich gehorchte Alik wie keinem Mann zuvor, ich gehorchte organisch, ohne leisesten Widerspruch, ich gehorchte ja nicht ihm, sondern meinem Überlebensinstinkt. Er, der mir keinen selbstständigen Schritt erlaubte, war der Garant meiner Freiheit. Wollte ich etwas tun, schaute ich ihn fragend an, und er sagte Nein und trat näher. Zu jedem Ja, zu jedem Schritt weg von ihm gab er mir fünf Leibwächter. Seine schnellen Entscheidungen ließen mein Gesicht weich werden vor Dankbarkeit. Seines wurde hart. Darunter staute sich ein starker, warmer Strom.

Der Auslöser für den Höhepunkt unserer Beziehung, für das eheähnliche Einhaken, das wir von nun an praktizierten, fand im Konferenzsaal statt, der nicht zerbombt worden war. Hier führte Sainap ihre Frauenkonferenz durch. Die Entführungen von Ausländern, die Lösegeldforderungen in Millionenhöhe, die grausamen Bedingungen, unter denen die tschetschenischen Kriminellen ihre Geiseln hielten, angebunden an Heizkörper oder in Kellern und Erdlöchern, machten *Itschkeria*, wie die neue Regierung Tschetschenien nannte, zu einem unwirtlichen Ort. Wer sich hierher wagte, wurde auf Händen getragen, doch nur so lange, bis ihm jemand einen Sack über den Kopf stülpte. Die Dunkelheit, in der das Land lebte, wurde den Geiseln aufgezwungen.

Auch im Konferenzsaal wurde es auf einmal dunkel. Wir hatten soeben begeistert einem Kindertanzensemble zugeschaut, als der Strom ausfiel. Die Kriegskinder tanzten unbeeindruckt weiter, wir hörten das Stampfen der Jungen und das Rascheln der langen Kleider der sich um die eigene Achse drehenden Mädchen. Was für ein unverwüstliches Volk, dachte ich. Wir klatschten und sahen nichts. Auch Aliks Blick war verschwunden. Da setzte sich ein uniformierter Mann neben mich und sagte, er habe den Auftrag, mich ins Kinderrehabilitationszentrum *Swjosdotschka* (Sternchen) zu begleiten. Ich wusste von diesem Projekt, das der britische Quäker Chris Hunter gegründet hatte. Seine britischen Freunde, die dort die Kriegswaisen therapiert hatten, wurden nun seit Monaten von Entführern an einem unbekannten Ort festgehalten.

»Gerne besuche ich *Swjosdotschka*«, sagte ich dem Unbekannten, aber darüber müsse der Chefleibwächter entscheiden.

»Wozu, fahren wir doch gleich los«, drängte der Mann.

Wilde Phase der kurzen Unabhängigkeit:
Mit dem Leibwächter Alik in den kaukasischen Bergen
und im improvisierten Speisesaal in Grosny 1997.

Er roch nach Alkohol, und dieser Hinweis hat Alik später besonders empört. Solch einen Schariagesetz-Brecher hielt er für den Abschaum der Menschheit. Nachdem der Mann unverrichteter Dinge von mir abgelassen hatte, schöpfte eine neben mir sitzende Frau Verdacht und holte Alik. Er war erschüttert. Er hatte mich im Dunkeln kurz alleine gelassen. Die Entführer haben wohl deswegen den Strom ausgeschaltet, um sich zwei Millionen Dollar abzuholen, meinte er. Ich war nämlich als einziger Konferenzgast mit einem westlichen Pass eine fette Beute.

»Wie sah der Schuft aus?«

Alik ballte die Fäuste.

»Wenn ich ihn kriege, erledige ich ihn auf der Stelle.«

Auf der Rückfahrt im Minibus saß ich still, gepresst an Alik, als wäre ich sein Körperteil geworden. Wir fuhren in vollständiger Dunkelheit durch Grosnys Ruinen, und ich wünschte mir benommen, die Fahrt würde nie aufhören.

Nach dem Abendessen im Flughafengebäude klatschten unsere Gastgeber in die Hände, ein Paar nach dem anderen trat in die Mitte und tanzte. Da stampfte Alik um mich herum, die Klatschenden feuerten uns an, ich ahmte ungeschickt den kaukasischen Tanz nach, doch dann beschloss ich, Walzer mit Alik zu tanzen, und legte meinen Arm auf seine Schulter. Er sprang erschrocken zurück. Nicht nur berühren sich im traditionellen tschetschenischen Tanz Mann und Frau nie – lediglich ihre Blicke kreuzen sich feurig –, sondern die Regierung hatte auch europäische Tänze verboten. Doch über allen Gesetzen kann sich im Kaukasus der Wunsch des Gastes als übergeordnetes Gesetz durchsetzen. Die Runde forderte Alik auf, sich meinem Wunsch zu fügen. In der allgemeinen Fröhlichkeit, die durch den Tabubruch ausgelöst worden war, nahm Alik meine Hand, und seine Rechte legte er mir um die Taille.

Am Tag meiner Abreise wollte mich ein berühmter ehemaliger Feldkommandant zum Flughafen ins benachbarte Inguschetien begleiten, denn die Flüge aus Grosny waren gestrichen worden. Ich weigerte mich. Der Feldkommandant hatte nämlich nur eine Pistole, und sein Fahrer besaß lediglich eine Kalaschnikow. Wie würden sie mich gegen eine dreißigköpfige Bande verteidigen können, falls eine solche uns überfallen sollte? Ich verlangte, dass Alik und seine zwölf Leibwächter, die sogar mit Raketenabwehr ausgerüstet waren, uns begleiten sollten. Der Feldkommandant war beleidigt. Wer würde es in ganz *Itschkeria* wagen, ihm seinen Gast zu rauben? Doch Alik kämpfte um mich und um seine Ehre. Sein Argument war, dass er diesen Auftrag vom Präsidenten selbst erhalten hatte und dass er den zu Ende führen würde. Beide Männer verhandelten ruhig vor mir auf Tschetschenisch. Alik, der in der Hierarchie tiefer stand, ließ sich nicht einschüchtern. Er trat als gleichberechtigt auf.

Sainap, die es mitverfolgte, sagte zu mir:

»Bei uns gilt jeder als Subjekt, ungeachtet seines Ranges. Wir ordnen uns nicht unter.«

Wir brachen auf. Ich saß in der schwarzen Limousine des Feldkommandanten, und Alik fuhr vor uns und seine Leute neben und hinter uns. Kurz vor dem Abflug ließ Alik seinen zehntägigen Blick von mir los.

Was ist aus diesen Menschen geworden? Der Feldkommandant war jahrelang im russischen Gefängnis, und einige der jungen Leibwächter sind im zweiten Tschetschenienkrieg gefallen, Alik überlebte. Auch der junge Leibwächter Uways hatte im zweiten Krieg gekämpft, dann irrte er durch Europa, bis er in Frankreich mit einer Tschetschenin eine Familie gründete. Und der jüngste von allen, Bislan, wurde 2000 zu einer achtzehnjährigen Gefängnisstrafe verurteilt. Sein Schwager schrieb mir, das sei eine fabrizierte Anklage gewesen.

Versöhnlicher
Tod

Nach einer Frauenkonferenz in Almaty blieb ich noch eine Weile in Kasachstan, ich dachte, hier könnte ich von den noch frischen Kriegserlebnissen in Tschetschenien, die mich verfolgten, Abstand gewinnen. Ich mietete mich in einer schlichten Holzhütte in einem riesigen Naturschutzgebiet ein. Tagelang streifte ich durch die Steppe, ohne jemanden zu begegnen. Eines Abends sah ich in der Ferne einen sich auf mich zu bewegenden Punkt. Ein Wolf, endlich werde ich das legendäre Tier sehen, das Wappentier der Tschetschenen! Den Blick auf den Punkt gerichtet, blieb ich stehen und erkannte in der gelben Unendlichkeit einen Reiter. In der Entfernung von etwa fünfzig Metern stieg er ab und ging neben dem Pferd her. Das ist eine Höflichkeitsgeste, mit der der Reiter dem zu Fuß Wandernden von Gleich zu Gleich begegnen will – von diesem Brauch hatte man mir in Tschetschenien erzählt und dadurch die Abneigung gegen Hierarchien zum Ausdruck gebracht. Der Mann trug einen grün-braunen militärischen Tarnanzug, in dem er den Brustkasten vorschob. Das ist ein tschetschenischer Kämpfer, also doch ein Wolf! Aber was macht er hier in Kasachstan, an der chinesischen Grenze?

Als er näherkam, sah ich einen Kaukasier wie aus einem Bilderbuch – lange gebogene Nase, dunkler Blick, buschiger schwarzer Schnauz. Wir grüßten uns auf Russisch, machten eine lange Pause wie Menschen, die an Raum und Zeit gewohnt sind. Er war erstaunt – mit einem Anflug von Misstrauen –, hier einer einsamen Fremden zu begegnen. Seine Sprachmelodie im Russischen verriet den mir vertrauten Akzent:

»Sie sind wohl ein Tschetschene.«

»Wieso?«

Er verspannte sich, als wäre er in Gefahr.

»Ich war als Journalistin dort und verbeuge mich vor dem Leiden Ihres Volkes.«

Er suchte mein Gesicht nach Zeichen der Lüge ab und entspannte sich leicht. Dann bot er mir an, aufs Pferd zu steigen.

Sein rot-weiß gestrichenes Haus stand einsam auf einer Hochebene. Im Sommer kam er mit seiner Frau und dem jüngsten Sohn hierher; die Schafherde fand in der weiten Steppe gute Weideplätze. Es war schon September, bald würden sie mit den Tieren wieder ins Dorf hinuntergehen. Der Mann hieß Mussa und war 1953 in Kasachstan geboren, wohin Stalin 1944 das ganze tschetschenische Volk deportiert hatte. 1957 wurde ihnen die Rückkehr nach Tschetschenien gestattet, und Mussas Familie ließ sich in ihrem angestammten Dorf Urus-Martan nieder. Dort heiratete Mussa Sarema, doch es zog ihn zurück an den Ort der Verbannung. Jetzt arbeitete er hier als Förster im nahen Wald, morgens zog er den Tarnanzug an und schaute sich in seinem Revier um.

Er gab mir ein ruhiges Pferd, und wir ritten täglich gemeinsam aus. Ich erkundigte mich nach Adlern und Wölfen, er wiederum prüfte mich, fragte nach kartografischen Details, Dorfnamen, Straßen, Distanzen in Tschetschenien und nach dem Ausmaß der Zerstörung durch die russischen Bombardierungen. Sein Misstrauen quälte ihn, es schwankte nach einem für mich undurchschaubaren System, mal wurde es stärker, mal verflüchtigte es sich. Als ich ihn ungeschickterweise fragte, ob sich auch Tschetschenen aus Kasachstan den Widerstandskämpfern angeschlossen hätten, verneinte er dies erschrocken und blieb für den Rest des Tages zurückhaltend.

Eine kleine Begebenheit befreite ihn schließlich von dem Verdacht, ich könnte eine FSB-Spionin sein. Auf unserer Wanderung kamen wir zu einem Landhaus, und eine Horde bellender Hunde rannte auf uns zu. Wir warteten lange, dass der Hausherr erscheine und die Hunde beruhige. Ich wurde ungeduldig, überließ Mussa das Pferd und ging auf das Haus zu, ohne auf die Hunde zu achten, die mit eingezogenen Schwänzen zurückwichen und mich lediglich vereinzelt und schwach anbellten.

Am Abend sagte mir Mussa anerkennend:

»Jetzt glaube ich dir, dass du in Tschetschenien warst. Ich sah dich schon von den Hunden zerfetzt.«

»Waren sie gefährlich? Ich lebe in der Stadt und kenne nur zahme Hunde.«

Die verharmlosende Richtigstellung hielt Mussa für Bescheidenheit, und diese Art der Untertreibung gehört zum tschetschenischen Heldenkodex. Er blieb dabei, dass ich ihn im vollen Bewusstsein der Gefahr beeindrucken wollte. Das schätzte er. Dass ein Mensch beim Hund den Beißreflex ausschließt, war für den Bauer undenkbar. Dort, wo ihn keine Worte überzeugen konnten, half meine unbekümmerte Körperhaltung inmitten einer Hundehorde. Von da an fragte mich Mussa über seine Heimat wie ein Verwandter aus. Als ich ihm einmal sagte, dass ich meinen Beruf für überflüssig halte, da ich mit dem Schreiben nichts gegen den Krieg habe ausrichten können, und dass es besser wäre, ich würde Schafe züchten, sagte er ernst:

»Es ist ein wichtiger Beruf. Wir müssen wissen, was in der Welt geschieht.«

So verbrachte ich meine Tage in Kasachstan damit, den Krieg in Tschetschenien von mir abzubrechen, ihn über das gesprochene Wort Stück für Stück weiterzureichen an Menschen, die diese Botschaft nötig hatten. Und sie brachen Fladenbrot ab, belegten es mit Schafskäse, teilten es mit mir und schenkten mir darüber hinaus einen versöhnlichen Tod, den ich nicht kannte.

In der kasachischen Steppe:
Moussa und Sarema nehmen vor ihrem Haus
das geschlachtete Schaf aus.

Mussa bat mich, vor Sarema zu versichern, dass Urus-Martan nicht bombardiert worden war. Ich log sie nur ungern an, und sie wollte mir so sehr glauben, doch dann stellte sie erneut dieselben Fragen. Ihr ganzes Sein war auf ihre dort zurückgebliebene Familie ausgerichtet. An meinem letzten Abend stand sie an der Hausschwelle, das Pferd wieherte, die riesige Sonne ging unter, der Himmel küsste jeden Stein rot, der weite Horizont sprengte meine Brust, und Sarema sagte:

»Wie ich es hier hasse!«

Mussa beeilte sich, sie zu trösten.

»Wir schlachten ein Schaf zur Abschiedsfeier unseres Gastes.«

Er nahm ein Seil, holte ein Schaf, kniete vor dem Haus auf der Erde nieder, kraulte den Nacken des Tieres und murmelte dazu ein Gebet. Und als er den Namen seines islamischen Gottes monoton wiederholte, schnitt er mit dem Messer langsam den Hals durch.

Das Blut floss über Mussas Hände, es floss über das weiße Fell, es floss auf die ausgedörrte Steppe. Mussa schnitt unendlich lange und zärtlich den Hals, ohne dass das Schaf auszureißen versuchte, es stand ruhig da – das Opferlamm fügte sich ins Unvermeidliche. Die Pferde erstarrten mit erhobenen Köpfen, weiteten die Nüstern. Die Hunde legten sich hin, horchten still mit gespitzten Ohren, und die Vögel unterbrachen ihren Gesang. Der vierjährige Sohn saß neben seinem Vater, neigte den Kopf auf die Seite. Sarema hatte die Emsigkeit vergessen, mit der sie ihr Heimweh zu verscheuchen pflegte, sie ließ die Arme hängen. Die ganze Welt schien während dieses friedlichen Sterbens den Atem anzuhalten, mitzuschwingen in den Abschied einer ihrer Schwestern. Erst als die Tat vollbracht war, als das Schaf leblos dalag, scharrten die Pferde, sangen die Vögel, lungerten die Hunde herum, erhoben sich die Menschen und sprachen.

Esoterischer
Schmetterling

Es war ein warmer Herbstabend 2002, die Fenster eines Berliner Lokals waren weit geöffnet, drinnen saß dicht gedrängt eine zusammengeschweißte Gemeinschaft. Ich nahm Platz neben Sainap Gaschajewa. Am Vortag hatte ich im Schloss Bellevue in Anwesenheit des deutschen Bundespräsidenten Johannes Rau den Theodor-Wolff-Preis für das Porträt über Sainap mit dem Titel »Die Sammlerin der Seelen« erhalten.

Als mir der Preis überreicht wurde, sagte ich, die Protagonistin sei aus Grosny angereist. Da stieg sie zu mir aufs Podium, ich dolmetschte ihre Worte ins Deutsche: »Meine Damen und Herren, bei uns ist immer noch Krieg«, und schon nahm ihr der Moderator das Mikrofon aus der Hand: »Vielen Dank, wir fahren weiter...«

Nach der Feier wollte Johannes Rau mit mir über das Basler Münster plaudern, doch ich unterbrach ihn:

»Sie waren gerade bei Wladimir Putin. Haben Sie mit ihm über Tschetschenien gesprochen?«

»Ja, er hat versprochen, er würde bald einen Friedensvertrag mit dem tschetschenischen Widerstand ausarbeiten.«

»Und Sie glauben ihm?«

Betretenes Schweigen.

»Frau Gaschajewa könnte Ihnen über die Menschenrechtslage berichten.«

»Das brauche ich nicht. Ich weiß genug.«

Und Rau gestattete uns zwar, gemeinsame Fotos zu machen, doch er weigerte sich, Sainap die Hand zu reichen. Ich verstehe, dass solch eine Geste des deutschen Präsidenten diplomatische Folgen haben könnte.

Also hat Sainap nicht im Bellevue über die neusten Gräuelgeschichten aus dem zweiten Tschetschenienkrieg berichtet, sondern goss sie manisch über das Publikum in der Kneipe aus. In der gespenstischen Stille peinigte uns ihre Stimme und die der Dolmetscherin. Bald waren nur noch gefolterte Tote in dem kleinen Raum versammelt, ich nahm sie physisch wahr, als lägen wir zusammen mit ihnen in einem Massengrab. Bei jedem Vorfall, den Sainap mit schrecklichen Details ausschmückte, hoffte ich, er würde gut ausgehen, aber die maskierten Männer schlugen auf wehrlose Zivilisten ein, vergewaltigten und töteten. Sie schonte uns bewusst nicht. Wir sollten alles erfahren. Wieder flimmerten vor mir brennende Dörfer, Flüchtlingsfrauen mit apathischen Kindern, betende alte Männer. Jedes Wort von Sainap fand ein Bild in mir. Es war kein Kino, keine Literatur, sie berichtete von wirklichen Menschen, und das Unfassbare geschah jetzt, täglich mit neuen Variationen, nur ein paar Tausend Kilometer von uns entfernt.

Panik stieg in mir hoch, das Herz raste, gleich würde ich umfallen, einen Herzinfarkt erleiden. Bloß fliehen, wenigstens zum geöffneten Fenster, zu dem ich sehnsüchtig blickte, aber aus Respekt vor Sainap, die all dem nicht auswich, beherrschte ich mich. Das Bündel voller Leid, das die tapfere Frau mit sich trug, war noch schwer, noch lange nicht abgelegt, und da raffte ich mich auf, bat sie mit den Gräueln aufzuhören und stattdessen darüber zu sprechen, wie ihre Frauenorganisation Waisenkindern Mehl, Kleidung und Schulhefte in die Trümmer bringt. Doch sie war geradezu getrieben vom Eifer, davon zu berichten, womit man sie in den Dörfern beladen hatte, die Namen der Ermordeten aufzuzählen, um ihnen vor diesen weni-

Nach der Verleihung des Theodor-Wolff-Preises
im Schloss Bellevue 2002:
Johannes Rau, Sainap Gaschajewa und die Autorin (oben).
In einer Berliner Kneipe berichtet Sainap
am nächsten Tag über die Kriegsgräuel (unten).

gen Menschen, die bereit waren, es zu erfahren, die geraubte Würde zurückzugeben.

Sainap holte sich an den Veranstaltungen im Westen Erleichterung, das waren ihre Therapiestunden, wenn man ihr zuhörte, sie danach umarmte und versprach, etwas gegen das Unrecht zu tun. Sie wurde oft gefragt, woher sie die Kraft zum Weitermachen nehme, und sie antwortete:

»Von euch allen, die ihr uns beisteht. Ohne euch wäre ich nicht mehr am Leben.«

Ein Appell klang dabei mit, sie nicht fallen zu lassen. Natürlich stand ihr dieses Recht zu. Auch ich fühlte mich aufgerufen, ihre Bürde mitzutragen, seit ich sie in der zerbombten Moschee von Sernowodsk getroffen hatte.

Meine Panik steigerte sich, es gab keinen Ausweg, jeder Atemzug war lang, jede Minute eine Ewigkeit. Auf einmal kreiste über unseren Köpfen ein Schmetterling, der durch das offene Fenster aus der schon dunklen Straße hereingeflattert war. Sofort wurde ich ruhig, als hätte ich meinen Bewegungsdrang an ihn delegiert. Ein zerbrechliches, winziges Wesen übernahm die große Schwere. Er setzte sich vor uns auf den Tisch. Ich hörte weiter Sainap zu, aber kein Tod, kein Leid konnte mich mehr zerstören, ich hatte zwar weiterhin Mitgefühl, doch ich lächelte in meinem Innern und dachte überwältigt: Es gibt Rettung! Ich dachte es so frisch, als hätte ich es in einer Erleuchtung soeben erfahren.

Kaum tauchte der Schmetterling auf, war der Glaube da, irrational, unschuldig, beglückend, eindeutig, und stellte die Dinge in ein gleißendes Licht. In dem engen Raum in Berlin konnte ich an die Harmonie glauben, weil Sainap neben mir saß, die Gerechte, die den menschlichen Schatten auf sich genommen hatte. Der Gesandte des Lichts faltete seine braunen Flügel mit dem ovalen roten Muster zusammen und rührte sich nicht. Nicht einmal das Herumreichen des Mikrofons über den Tisch vertrieb ihn. Es war kein Nachtfalter, sondern ein schöner farbiger Schmetterling von fernen Wiesen. Er harrte geduldig bis zum Ende der Veranstaltung aus. Als das Publikum auf Sainap zukam, ihr viel Liebe schenkte, flog er in die Nacht hinaus.

Nach dem Auftritt blieben wir alleine in einer fremden Wohnung, betteten uns für die Nacht, und ich fragte Sainap scheu:

»Hast du den Schmetterling gesehen?«

Ich war noch aufgewühlt von dem Ereignis, und es fiel mir schwer, das Unaussprechbare in Worte zu kleiden.

Sainap sagte leise, ehrfürchtig:

»Ja, es gibt Dinge zwischen Himmel und Erde. Ich denke die ganze Zeit an ihn. Er hat sein Köpfchen auf die Seite gelegt als würde er mir zuhören.«

Ich erzählte ihr, dass die schweizerisch-amerikanische Sterbeexpertin Elisabeth Kübler-Ross Schmetterlinge als Boten zwischen der diesseitigen und der jenseitigen Welt betrachte. An den Wänden der Baracken des Konzentrationslagers Majdanek habe sie eine Unmenge von abgebildeten Schmetterlingen gefunden und später auch bei sterbenden Kindern dasselbe Malmotiv entdeckt. Kübler-Ross vergleiche den menschlichen Körper mit dem Kokon, aus dem sich im Tod die Seele einem Schmetterling gleich befreie.

Existenziell entsetzt und geschwächt von meinem Wissen um den Krieg, fing ich damals an, mich für solche Dinge zu interessieren. Ich war bereit zu glauben, dass unser Besucher ein Abgesandter der Toten aus Tschetschenien war, ein Gruß, eine Dankesgeste von denen, deren wir gedachten. Wieso hatte ich vergessen, mich an der Schönheit der Welt zu erfreuen? Ist dies nicht genauso wichtig wie der Kampf gegen das Unrecht, sogar eine Bedingung dafür? Allmählich verfestigte sich diese Einsicht in mir, und kein Schmetterling musste mehr hereinflattern, um mich zu retten. Er saß in mir und lächelte Sainap zu.

Aufrecht
im Wachkoma

Denke ich an die Tschetschenin, sehe ich sie emsig kreisend, ob als Lehrerin, die zudem eigene Kinder und Haustiere versorgt, Haus und Hof sauber hält oder mit der Familie auf der Flucht ist. So wie sie zwischen den Bedürfnissen anderer hin und her rennt, so laviert sie zwischen Regimen und alten und neuen Gesetzen, die ihren Lauf zu lenken versuchen. Die Diktatur des Proletariats gab ihr die Möglichkeit, zu studieren und außer Haus zu arbeiten. Die erste tschetschenische Pilotin, Ljalja Nasuchanowa, stieg in den Sechzigerjahren in den sowjetischen Himmel auf. Die neuen Freiheiten blieben allerdings in einem engen sozialistischen Rahmen. Mit dem Zerfall der Sowjetunion 1991 erwachte der Drang der kolonisierten Völker nach Unabhängigkeit. Doch das »demokratische« Russland ließ es nicht zu und hat der Tschetschenin das Haus zerbombt, Granatsplitter unter die Haut gejagt, sie in einer Grube am Kontrollposten vergewaltigt, den Sohn spurlos verschwinden lassen, den Mann im Filtrationslager gefoltert, bis sie ihn freikaufte, sie auf eine Mine treten und inmitten der ökologischen Katastrophe am Krebs sterben lassen. In der Sprache der Weltpolitik sind das die üblichen Kollateralschäden.

Dann zog die russische Armee ab, und die Widerstandskämpfer promenierten durch Grosny mit Kalaschnikows als modischem Accessoire zur Kaki-Herrenkollektion für die wilde Unabhängigkeitszeit. Manch ein Befreier vom Kolonialjoch wandte sich nun der sogenannten reinen islamischen Lehre der Wahhabiten zu, die Saudi-Arabien als Verheißung in die Trümmerlandschaft exportiert hatte. Bärte und Gebete wurden länger und Entführungen von ausländischen Gästen der einzige Job. In der 1996 gegründeten Tschetschenischen Republik Itschkeria gab es Auspeitschungen und Hinrichtungen gemäß der eingeführten Scharia. Später bildete der Dschihad die junge Tschetschenin zur »schwarzen Witwe« aus, damit sie für das Ziel eines nordkaukasischen Emirates ein paar Russen und sich selbst zerfetzt.

Doch Russland schlief in dem kurzen Vakuum (1996–1999) nicht. Der gnomartige Wladimir Putin hatte als ungeliebtes Kind in der *kommunalka* (Gemeinschaftswohnung) Ratten gejagt und fühlte sich ihnen überlegen. Nun übertrug er seinen Rattenhass auf Tschetschenien. Für das Morden ist er in den Präsidentensessel gehievt worden. Und alles fing von vorne an, bloß noch grausamer. Urangeschosse, Raketenbeschuss von Fliehenden, Plünderungen, kalte Flüchtlingszelte, statt Bildung elementarer Hunger, noch ausgeklügeltere Folter in den Filtrationslagern, herumirrende Kriegswaisen, Krankheiten, und überall lungerten zu allem bereite uniformierte Männer herum. Und trotzdem rannte die Tschetschenin aufrecht – nicht davon, sondern für das Überleben ihrer Familie.

Ich habe ihre Kraft und Würde bewundert und ahnte nur einen Teil der ungeschriebenen traditionellen Gesetze, denen sie zuallererst unterworfen ist. Schließlich ist das Schweigen über das Gewohnheitsrecht *adat* den Fremden gegenüber gerade Bestandteil von dessen unterdrückendem Mechanismus. Zu klagen über die Degradierung zum Arbeitstier, über das Eingesperrtsein im Haus, das die junge Tschetschenin nur mit Erlaubnis der Familienautoritäten verlassen darf, über Erniedrigungen und häusliche Gewalt gilt als zu ahndender Tabubruch.

Die tschetschenische Frau soll
willensstark und leidensfähig sein:
Irena Brežná mit Flüchtlingsfrauen
aus Tschetschenien 1996.

Adat behandelt die junge Frau als Sache, allerdings flink muss sie schon sein, und zu jeder Schufterei setzt sie ein bezauberndes Lächeln auf, so gebieten es die Sitten. Klagt die Schwiegertochter, kann sie aus dem Haus verjagt werden, alleine, denn ihre Kinder muss sie bei der Familie des Mannes zurücklassen und darf sie nicht einmal mehr sehen, wenn die Familie es so will. Der stets drohende Verlust der Kinder soll die Frau disziplinieren.

Nach dem islamischen Recht kann die geschiedene Mutter ihre Kinder, je nach Land, meist bis zur Pubertät behalten, erst dann überlässt sie sie dem Mann. Gemäß dem *adat* ist jedoch schon der Fötus im mütterlichen Bauch eine Leihgabe des Mannes – zum bloßen Austragen. Und es ist der *adat*, der das Sorgerecht in Tschetschenien regelt, und nicht die Scharia. Wird die Schwiegertochter verstoßen, soll sie zu ihrer angestammten Familie zurückkehren. Nie soll die Tschetschenin selbstständig werden.

Ich hörte im Krieg den Klagegesang der Tschetschenin, doch ihre laute Klage war unvollständig, richtete sie sich doch nur gegen die Kriegsgewalt. In den Friedensmärschen, die sie organisierte, und in der selbstlosen Hilfe, die sie dem bewaffneten Widerstand leistete, damit dieser die magische Unabhängigkeit erkämpfte – lag nicht darin unausgesprochen auch ihre Hoffnung auf ein Stück selbstbestimmtes Leben? Im Krieg hat sie sich außerhalb der Hausruine unter Entbehrungen behauptet, doch kaum verhallte der Raketenlärm, wurde sie zurück ins provisorisch geflickte Heim gedrängt, als Eigentum ihrer Familie oder der Sippe des Ehemannes.

Putins Mann fürs Grobe, der tschetschenische Präsident Ramsan Kadyrow, hat gleich nach seinem Amtsantritt 2006 allen männlichen Staatsangestellten befohlen, sich eine zweite, gar eine dritte Frau zu nehmen, damit keine Tschetschenin ohne männliche Kontrolle bleibe. Die Einführung der Polygamie als eine pragmatische Lösung für den hohen Frauenüberschuss in der Nachkriegszeit, diese gar per staatliche Regelung durchzusetzen, verstößt gegen die Verfassung der Russischen Föderation. Dann beschloss Kadyrow die Polygamie wieder zu erschweren. Nun sollte der heiratswillige Mann für die zweite Ehefrau ein viel höheres Brautgeld bezahlen als für die erste, und für die dritte Frau ein noch höheres. Eine neue willkürliche Handlung, aber der Kreml ließ Kadyrow gewähren, solange dieser jene folterte und tötete, die aus den Bergen heraus sein Scheinreich mit Terroranschlägen destabilisierten. Und nicht nur sie. Kadyrow eliminierte manche Menschenrechtlerinnen und Menschenrechtler, die er öffentlich zu Volksfeinden erklärte.

Nachdem sein Vater, Achmat Kadyrow, bei einem Attentat getötet wurde, erkor sich Ramsan Kadyrow einen Vaterersatz – Putin, der das Land in eine Steinwüste verwandelt hat, ist sein Gebieter. Der Zar gibt dem Ex-Hobbyboxer Macht über das winzige Land und Geld für den Wiederaufbau. Kadyrow zwingt dem Volk die perverse Anbetung von Putin auf, aus Dankbarkeit gegenüber seinem persönlichen Erhöher, und Saudi-Arabien schenkt dem frommen Moslem Gelder für religiöse Stätten. So erlässt Kadyrow mal einen *ukas* zum »Schutz« der Tschetschenin, um vor dem Kreml zu buckeln, eine andere Regelung schmeichelt wiederum dem Geschmack des arabischen Wohltäters – so ist die Rede vom Tragen des *hidschab*, damit kein Haar schelmisch herausschlüpft. Mit dem Slogan aus der Sowjetzeit »Frau des Bergvolkes, leg dein Kopftuch ab« ist es längst vorbei. Die tschetschenischen Menschenrechtlerinnen beklagen die zunehmende Klerikalisierung und Archaisierung der Gesellschaft. Ein Patchwork mit Vorschriften aus *adat* und Scharia überzieht das Land, und Kadyrow als Sonnengott bestimmt je nach seinen wechselnden Launen, wohin sich das Volk zu wenden hat. Ohne ihn kein Windhauch, gegen ihn der Sturm.

Der sich nun als »Europäer« aufspielende Autokrat hat Ende 2010, wohl auf Druck des Kremls, den Kampf gegen den traditionellen Brautraub erklärt, der sich in den letzten Jahren brutalisiert hatte. Mädchen wurden gewaltsam von der Straße weg entführt und zur Heirat gezwungen. Nach der Verfassung ist der Brautraub eine strafbare Entführung eines Menschen, geahndet wurde er jedoch nie. Den Brautraub gab es sogar in der Sowjetzeit, allerdings musste die junge Frau ihr Einverständnis dazu geben. Dann ging Kadyrow auch gegen die nach der Scharia praktizierte Scheidung vor, bei der der Ehemann mit ein paar Worten die Ehefrau verstößt, bloß weil er findet, der Tee, den sie ihm serviert, sei immer kalt. Die Verfassung fordert für die Auflösung der Ehe Beweise der ehelichen Zerrüttung. Kadyrows *ukas* tut also nichts anderes, als das geltende Recht zu respektieren.

Mit solchen frauenfreundlichen Maßnahmen zieht der Landesvater den Ärger des tschetschenischen Männervolkes auf sich. Doch statt Frauenfreund ist er Frauenheld: Er hat nicht nur mehrere Ehefrauen, sondern auch Geliebte, die seine Paramilitärs, *kadyrowzy* genannt, für ihn rauben, kaum haben sie feinfühlig bemerkt, dass das Adlerauge des Herrschers auf einer Jungfrau ruhen bleibt. Aber weder die junge Frau noch ihre Familie können gegen diese zur Schau gestellte Potenz aufbegehren. Einerseits werden sie mit Geld überhäuft, andererseits wissen sie, dass die Aufmüpfigen Folter mit einem tödlichen Ende ereilen kann. Ab und zu dürfen die Gattinnen samt Geliebten – inzwischen hat Kadyrow zwei Dutzend Kinder – aus dem goldenen Käfig ausschwirren und streng bewacht dem Konsum frönen. Dann wird die Einkaufsstraße von Grosny gesperrt, und *kadyrowzy* kommen schwer bewaffnet zum Einsatz.

Tschetschenien lässt sich die tief sitzenden Bräuche, die die kollektive Seele konstituieren, nicht so schnell nehmen, und das Erstarken des Islams wird zunehmend als identitätsstiftend verkauft. Zurück zu den traditionellen Werten, gegen den Zerfall der Moral, verkündet die zeitgemäße Propaganda, egal, ob sie vonseiten der *kadyrowzy* oder von ihren moskaufeindlichen Widersachern kommt. Was genau diese gepriesenen Traditionen sind, das wird den jeweiligen Interessen angepasst.

Im westlichen Exil, wohin Abertausende geflohen sind, ergreifen viele Tschetscheninnen die sich ihnen bietenden Freiheiten, andere werden Opfer der Gehirnwäsche ihrer sich religiös radikalisierenden Männer. Ich dolmetschte für die Mutter eines Sohnes bei ihrer Ankunft in der Schweiz, als sie noch ein zusammengerolltes Tuch locker auf ihren Haaren trug. Innerhalb von sechs Jahren hat sie weitere sechs Kinder geboren, die Haare sind versteckt, ihr Mann, der aus der Moschee sein zweites Heim gemacht hat, verbietet ihr, einem fremden Mann die Hand zu reichen, und die Wohnung darf sie ohne seine Genehmigung nicht verlassen. Er übernimmt das Einkaufen. Die Isolation hat sie in eine Depression gestürzt, doch eine ihr angebotene Psychotherapie hat sie abgelehnt. Das würde ihr Mann nicht dulden. Den Hausarrest hat sie als gottgewollt verinnerlicht und sagt, sie würde es annehmen, wenn ihr Mann sich eine zweite Frau nehmen würde, wie er es oft androht.

Nachdem russische Soldaten bei einer Säuberung eine Mutter von vier Kindern vergewaltigt hatten, floh diese unter einem anderen Namen, mit Mann und Kindern nach Skandinavien. Die Eltern des Mannes fanden sie trotzdem und übten Druck auf ihren Sohn aus, die Entehrte zu verlassen, ihr die Kinder wegzunehmen und eine neue Frau zu heiraten. Doch dieser Mann hat Mut bewiesen: Er hielt zu seiner Frau. Eines Tages fiel die dreizehnjährige Tochter ins Wachkoma. Sie nahm das Unaussprechbare auf sich, verstummte, lag unbeweglich über Wochen da und aß nicht. Ein seelisches Schleudertrauma. Die meisten Tschetscheninnen müssten eigentlich im Wachkoma liegen, sie haben ein mehrfaches seelisches

Schleudertrauma. Doch das Anhalten können sie sich nicht leisten, unermüdlich ziehen sie ihre hastigen Kreise weiter.

Offiziell ist die Rede von der freien und aufrecht gehenden Tschetschenin, der Hüterin des Lebens, die willensstark und leidensfähig ist, dem Mann ebenbürtig, die für sich selbst einsteht, ihr Wort hält und eine starke Persönlichkeit hat. Ich kenne sehr wohl die gesellschaftlich aktive Tschetschenin, die diesem tradierten Bild entspricht – sie fährt durch Grosny mit dem Auto, obwohl sie deswegen verspottet wird, als Juristin verzichtet sie auf eine eigene Familie, weil sie für die Rechte der Frauen vor Gericht gehen will, als Ärztin und Psychologin klärt sie junge Frauen über die mit Scham belegte Sexualität und die Folgen der frühen Ehe auf, als Menschenrechtlerin macht sie Verbrechen gegen Frauen wie den Ehrenmord und politische Morde an ihren Mitstreiterinnen publik. Sie pflanzt allerlei Keime gegen die Fremdbestimmung und hält Drohungen der Väter und Ehemänner aus. Wenn sich die Verfolgungen seitens des russischen und tschetschenischen Geheimdienstes FSB gegen die Aktivistin verstärken, setzt sie, vernetzt mit westlichen Organisationen, ihre Arbeit im Exil fort.

Bei den
nüchternen Slawen

In Belarus bin ich um eine Theorie ärmer geworden. Sie war nicht originell, daher hielt ich sie für stichhaltig: dass in der slawischen Welt das Gefühl dominiert. Doch in Weißrussland ist man verschlossen und beherrscht. In der Öffentlichkeit wird weder gelacht noch gewankt, und man befolgt die Regeln! Belarus sei nah am Baltikum, daher der nordische Menschenschlag, wird mir erklärt. Aber es ist mehr als das. Die Masse in Minsk bewegt sich still und diszipliniert. Nicht einmal Pubertierende überqueren bei Rot die Straße. Meine Regelverstöße inspirieren niemanden zum Nachahmen. Kein Überschwang, man hat Wichtigeres zu tun. Bürger und Bürgerinnen gehen gemessenen Schrittes mit ernsten Mienen ihren Beschäftigungen nach. Bettler hat man aus der Stadt verbannt.

Am Minsker Flughafen begrüßte die Passagiere wortlos ein strammer Polizist mit großer Schildmütze. Er demonstriert: Für Kontrolle ist gesorgt. Auch am Bahnhof stehen reglose Uniformierte, das Kinn nach oben, als würde gleich der Oberbefehlshaber kommen, um sie zu mustern. Das ist übrigens die einzige Theatralität, die wir in diesem Land bewundern können. Da mein Partner und ich gegenüber dem Bahnhof eine Wohnung bezogen haben, sind wir über die Polizeipräsenz sogar froh. Ein einheimischer Schriftsteller klagt allerdings, das Land sei allzu sicher.

Hätte die Wehrmacht Minsk nicht fast vollständig zerstört und hätten die Kommunisten den Rest nicht genauso brachial beseitigt, könnte man sich in den verwinkelten Gassen und dem jüdischen Ghetto wie in Mitteleuropa fühlen. Minsk wurde nach dem Zweiten Weltkrieg als eine sozialistische Musterstadt mit neoklassizistischen Bauten auf dem Reißbrett entworfen. Das begehbare Experiment wirkt auf uns kalt und gigantisch. Auf dem sechsspurigen Prospekt der Unabhängigkeit rasen teure Autos, und Frauen in Orange fegen die breiten Trottoirs.

Genauso akkurat zählen die Kassiererinnen im Supermarkt die Banknoten mit den vielen Nullen ab. Nie kämen sie in Versuchung, eine Tausendernote verschwinden zu lassen. Das ist sowieso Kleingeld. Abschätzig spricht man über die Russen, die angesichts der europäischen Sanktionen, die auch hier spürbar sind, in Panik geraten sein sollen. Politisch grenzt man sich vom östlichen Nachbarn ab, doch wirtschaftlich wirkt sich jede Schwankung des russischen direkt auf den weißrussischen Rubel aus. Unternehmen gehen Konkurs.

Überall sehen wir junge Frauen mit wallenden Haaren, in Miniröcken und auf hohen Absätzen, doch sie wirken nicht aufreizend. Sie sind allzu schlicht und ähneln sich alle, wie sie so züchtig dahertrippeln. Eine Mischung aus Sowjet- und Konsummensch, Provinzialität und Heldentum. Das Heldenhafte besteht darin, dass die Weißrussen ihre Nöte nicht nach außen kehren. Wenn sie sich beklagen, und das tun alle, wirkt es gefasst. Sie fordern kein Mitgefühl. Ich habe noch nirgendwo solch nüchterne Slawen gesehen.

Eine Filmregisseurin nennt es eine buddhistische Lebenseinstellung. Doch die Gelassenheit ist nur äußerlich. Sie erzählt von einem Künstler, der seine Bilder übermalt, weil er kein Geld für eine stets neue Leinwand hat. Vor der Vernichtung fotografiert er sein altes Werk. Sie wollte eine Doku über ihn drehen, sie ist wütend über die gesellschaftliche Gleichgültigkeit den Künstlern gegenüber. Und wie beiläufig sagt sie, unser Gespräch, das wir in einem Café führen, werde vom Geheimdienst abgehört.

Der künstlerische Leiter des Verlags Lohvinau findet das arg übertrieben und ärgert sich über die weitverbreitete Paranoia. Ich bin dank der Europabegeisterten von diesem Verlag hierher gekommen, die mich zu ihrem Literaturfestival »Europeana« nach Minsk eingeladen haben. Dass außer mir nur die tschechische Schriftstellerin Irena Dousková angereist ist, mutet wie Hochstapelei der Organisatoren an. Vielmehr zeigt es aber, dass die Oppositionellen in ihrer Europaverbundenheit, wodurch sie sich von der offiziell proklamierten weißrussisch-russischen Freundschaft absetzen, sehr einsam sind.

Die Unterdrückung sei raffiniert und unbestimmt, erzählen die Schriftsteller im Pen-Club. Sie zeigen sich frustriert über ihre Landsleute, die passiv seien und bestrebt, von den eigenen Stereotypen nicht abzuweichen und ja nicht aufzufallen. Die Mimikry soll vor dem Zugriff der Macht schützen. Wir suchen vergebens riesige Porträts mit Lukaschenka, der versteckt sich lieber in der Angst seiner Untertanen. Die Frau neben mir im Flugzeug fängt an zu flüstern und sich umzuschauen, als ich sie nach ihrem Präsidenten frage. Dabei ist das, was sie von sich gibt, keine Anleitung zu seinem Sturz.

Die Menschen sind ganz auf sich bezogen, auf das eigene Überleben konzentriert. Niemand erkundigt sich danach, wie wir leben. Das erinnert mich an die ersten Jahre nach der Wende in der Tschechoslowakei, als man unfähig war, Neues aufzunehmen, und sich in die eigenen Dogmen verkroch. Die Weißrussen, denen wir begegnen, beklagen, dass die Gesetze sich ständig änderten, obwohl das Land Wert auf seine Stabilität lege. Ein Mitarbeiter der Schweizer Vertretung in Minsk, mit einer Weißrussin verheiratet, hält ein leidenschaftliches Plädoyer für das Land. Die Türkei sei viel repressiver und werde im Westen als Partner hofiert. Auch werde die Rente seiner Schwiegermutter stets pünktlich ausbezahlt. Angesichts des Krieges in der benachbarten Ostukraine mag dies eine nicht zu unterschätzende Qualität sein, aber solch eine Variante der »Ruhe« finde ich eine Zumutung.

Jegliche öffentliche Initiative werde unterdrückt, meinen die Freigeister von Lohvinau. Der Verlag und seine Buchhandlung haben sich konspirativ in einen Innenhof hinter der Siegessäule am pompösen Platz des Sieges zurückgezogen, und doch finden zahlreiche Sympathisanten den Weg hierher. Da Lohvinau, benannt nach dem Verlagsgründer, nonkonforme Veranstaltungen durchführt, wird er von den Behörden schikaniert. Sie versuchen, den Verlag in den Ruin zu treiben. Der vorgeschobene Grund der Behörden lautet, man habe Bücher ohne Lizenz verkauft. Am Tag unserer Ankunft im Frühling 2015 ist das Bußgeld von 58 000 Euro beisammen, dank der Solidarität der Lesergemeinde und der Hilfe aus dem Ausland. Es ist ein Tag der Freude. Vorläufig ist die Buchhandlung gerettet. Dem Verlag dagegen ist die Lizenz entzogen worden, so hat er seinen Sitz nach Litauen verlegt. In meinem Buch auf Weißrussisch steht deshalb, es sei in Vilnius erschienen.

Wir spazieren mit der Mitarbeiterin des Goethe-Instituts am riesigen Lenin vor dem Parlamentsgebäude vorbei, der immer noch das Volk bewacht, und sie sagt, viele Schüler hätten keine Ahnung, wer er war. Ich frage ein junges Pärchen auf der Bank unter der Bronzebüste von Felix Dserschinski, ob sie wüssten, unter wessen Schutz sie sich küssten.

Das Mädchen haucht:

»Lenin?«

»Nein, das ist der Gründer des KGB, ein Massenfolterer. Und kennt ihr Lenin?«

Der junge Mann starrt mich an, und seine Partnerin rettet die Prüfungssituation stammelnd:

»So ungefähr.«

Mit welchem Recht sollte ich die Jugend einschüchtern, also beschwichtige ich:

»Ach, ihr braucht nicht zu wissen, wer diese bösen Menschen waren.«

Dass überall an Gebäuden Gedenktafeln sowjetischer Funktionäre hängen und die Lenindenkmäler nicht gestürzt worden sind, sei Achtung vor der Vergangenheit, erklärt uns eine Bibliothekarin im Städtchen Maladsetschna. Dort steht in einem gepflegten Park auch so ein vorwärtsschreitender Wladimir Iljitsch, und dahinter an einem renovierten Haus hängt eine Tafel, die daran erinnert, dass hier »der große Sohn von Maladsetschna, der Chef der KGB-Bezirkszentrale, seinen Dienst gewissenhaft ausübte«. Die Tafel wird nicht durch einen Kommentar ergänzt, der verdeutlichen würde, worin in Wirklichkeit seine gepriesene Beflissenheit bestand.

Es gibt durchaus einen Erinnerungskult, aber dieser ist selektiv, man gedenkt des Leides, das allerdings nicht das eigene verbrecherische System, sondern die fremden Eroberer gebracht haben. Hinter Maladsetschna steht inmitten von Feldern in einem Birkenhain ein Stein als Siegesdenkmal mit dem verewigten Rückzug Napoleons vom Ostfeldzug im Jahr 1812. An der Beresina hat Napoleon verloren, aber erst weiter westlich, in Maladsetschna, wurden seine Soldaten in Kriegsgefangenschaft genommen. Hier war es für die Franzosen endgültig aus. Daneben steht ein ehemaliges Konzentrationslager der Nazis. Der Stolz auf die Siege lenkt jedoch von der Gegenwart ab, die nicht gerade glorreich ist. Die flache Landschaft wirkt immer noch so, als wäre hier das Ende, das Ende von allem.

Eine Kellnerin steht untätig im leeren Restaurant beim Bahnhof in Maladsetschna und sorgt sich unspektakulär und duldsam um ihre Zukunft. Sie verdiene 250 Euro monatlich, sagt sie, und es gebe stets neue Flüchtlinge aus dem Donbass, die sich verzweifelt gerne für weniger verdingen würden. Ein junger Buchhändler wiederum hat drei Jobs, um die Familie durchzubringen, seine Frau, Managerin in einem Warenhaus, sei gerade von dort entlassen worden. Das Wissen, dass seine Großeltern und Urgroßeltern schwere Zeiten gemeistert hätten, gebe ihm Kraft.

»Wir sind wie Wasser«, spricht er sich Mut zu, »wenn der Druck zunimmt, sickern wir durch das Sieb und unten am Boden raffen wir uns wieder auf.«

Die Sprachsituation in Weißrussland ist paradox. Dass der Bahnhof oder die Universität zweisprachig bezeichnet sind, ist nur ein Schein der Gleichberechtigung. Die Ansage in der Metro, dass die Waggontüren schließen, ertönt auf Weißrussisch, aber die Passagiere sprechen Russisch. Bloß in manchem niedrigen bunt bemalten Bauernhaus hat sich *trassjanka* erhalten, eine Mischung aus Weißrussisch und Russisch. Während der Lesung lausche ich meinem eigenen Text auf Weißrussisch. Wie weich diese vom Aussterben bedrohte europäische Sprache klingt! Sie ist nah am Polnischen und Ukrainischen, und ich staune, wie gut ich sie verstehe. Sie ist jedoch nur noch ein Relikt. Die zaristische, dann die sowjetische Russifizierung nahm ihr die Kraft, ebenso Lukaschenkas Vernachlässigung der Sprachförderung. In der Schule werde Weißrussisch lediglich als Nebenfach unterrichtet, sogar Englisch habe mehr Lektionen, und der ganze Unterricht finde auf Russisch statt, wird uns erklärt. Zwar habe die Sprache für die Menschen einen emotionalen Wert, aber sie lebe nicht.

Die Pflege des Weißrussischen kann sogar politischen Protest bedeuten. Das zeigt sich beim Verlag Lohvinau, der Bücher nur auf Weißrussisch herausgibt, um die Sprache zu erhalten. Der Schriftsteller Alherd Bacharewitsch wiederum beschreibt in seinem Roman *Alindarkas Kinder* einen Fanatiker des Weißrussischen, der seiner Tochter verbietet, Russisch zu sprechen.

In der Schule muss sie so tun, als sei sie stumm. Ich fühle mich wie dieses Mädchen. Mein verdächtig flüssiges Russisch ruft bei den sprachlichen Puristen zumindest keine Begeisterung hervor. Mit dem künstlerischen Leiter von Lohvinau, der sich rührend um uns kümmert, verständige ich mich notgedrungen auf Englisch, denn der Partisan im täglichen Kampf gegen die russische Übermacht weigert sich, mit mir Russisch zu sprechen. Auch mit seinen Landsleuten spricht er grundsätzlich Weißrussisch. Sie antworten ihm meist auf Russisch.

In Moldawien begegnet mir bei rumänischsprachigen Intellektuellen derselbe Ekel vor dem Russischen, nur eine Schriftstellerin hat ihn überwunden:

»Ich habe mich jahrelang geweigert, Russisch zu sprechen, und tat so, als würde ich es nicht einmal verstehen, bis ich begriff, dass eine Sprache zu beherrschen Reichtum ist, und warum sollte ich mich selbst darum bringen?«

Die Intellektuellen, ob in Chişinău oder in Minsk, klagen, die Welt nehme sie nicht zur Kenntnis. Und wer kommt schon aus Westeuropa nach Minsk außer Merkel und Hollande, und auch sie lediglich für eine Nacht, in der es nicht um Belarus, sondern um den Krieg in der Ostukraine ging. Als Alherd Bacharewitch, dem die Behörden verboten haben, öffentlich aufzutreten – was hier offenbar eine übliche Behandlung von Kreativen ist –, für einige Jahre nach Deutschland auswanderte, sah er sich genötigt, überall zu erklären, dass es in Europa ein Land mit dem Namen Belarus gibt.

Im Pen-Club drückt mir ein geachteter Schriftsteller fest die Hand und bittet:

»Vergessen Sie uns nicht!«

Drehen wir es gedanklich um: Der Präsident des Schweizer Schriftstellerverbandes legt einer osteuropäischen Autorin melancholisch nahe, die Schweiz nicht im Stich zu lassen. Um zu zeigen, dass diese Umdrehung absurd ist, genügt ein Blick auf die Beurteilung der Städte mit der höchsten Lebensqualität aus dem Jahr 2015. Dort figuriert Minsk auf Platz 189 und Zürich auf Platz 2. Doch inwieweit bürgen gute medizinische Versorgung, politische Rechte und sauberes Wasser und Luft für literarische Qualität? Übrigens, die Luft in Minsk ist ziemlich gut. Die Bitte, den Kontakt nicht abzubrechen, treibt mich trotzdem um. Wie könnte ich Belarus je vergessen…

Einwanderungs-
gesellschaft

Ein Herz
für Pappeln

Am Basler Gericht verkündete der Gerichtsvorsitzende mit un-durchdringlicher Miene, die Pappel vor meinen Fenstern, für deren Recht auf Leben ich mich zwei Jahre lang durch ver-schiedene Instanzen hindurch eingesetzt hatte, müsse gefällt werden, denn der Beweis sei erbracht, dass sie den Menschen am Leben bedrohe. In dem Moment dachte ich nicht mehr in-terkulturell, es überfiel mich nicht der antrainierte Reflex: Ach klar, ich erkenne sie, die Schweiz mit ihrem übersteigerten Sicherheitsbedürfnis, und wie verblendet war ich gewesen, den hiesigen hohen Wert untergraben zu wollen. Zwar schmerzte die Niederlage, doch sie versetzte mich wenigstens nicht in die altbekannte Ohnmacht, ewige Ausländerin zu sein, die in eine gemütliche Inzucht vordringt und dann per Para-graf daraus verstoßen wird.

Am Vorabend war ich vom Literaturfestival in Chiasso zu-rückgekehrt. Nach meinem Auftritt hatte ich dem kongole-sisch-belgischen Schriftsteller In Koli Jean Bofane gelauscht, wie er in einem vollen Kinosaal sagte, wir seien eins, es gebe keine Grenzen, und der über Sechzigjährige behauptete, er könne sich auch in die Innenwelt einer jungen, blonden Jacque-line hineinversetzen. Und wenn er Männer gehört habe, die damit geprahlt hätten, Dorfbewohner niedergemetzelt zu ha-ben, habe er vor Absurdität lachen müssen. Ja, er lache jedes Mal, wenn er von Gewalt erfahre, und er führte vor, wie vorzüglich er es konnte. Seine konsequente Nonchalance euphorisierte mich, und ich nahm sie zum Anlass, meinen Beruf zu wechseln.

Wie war ich es inzwischen leid, als professionelle Fremde an Schulen, in Literaturhäusern, Bibliotheken in der ganzen Schweiz aufzutreten. Keine Fremden-Folklore mehr. Noch im Kinosaal sitzend, verbrannte ich im Geist das interkulturelle Fähigkeitszeugnis, das ich mir selbst ausgestellt hatte. Es hat mich jahrzehntelang dazu befähigt, zwischen Kulturen zu navigieren, Mentalitätsunterschiede aufzuspüren und zu benennen. Wie viel intellektuelle Kraft habe ich dafür verwendet!

Ab sofort verordnete ich mir einen anderen Blick – bei der Rückfahrt aus dem Tessin über den Gotthard beglückte mich die Berglandschaft umso mehr, da ich sie nicht als zu einem Land gehörig, sondern als ein Prachtstück unseres Planeten anschaute. Kaum hatte ich die »Nationaladjektive« aus meinem Vokabular gestrichen, überwand ich die Forderung der Heldin aus meinem letzten Roman nach dem Recht auf Fremdheit. Diese Erfindung war in Wirklichkeit Schutz – definiere ich mich nämlich gleich selbst als fremd, erübrigt es sich, dass die anderen mich dazu abstempeln und so verletzen. Wo es jedoch keine eingegrenzte Heimat gibt, wohnt auch keine Fremdheit.

Mit derselben Konsequenz betrachtete ich die Gegner im Gerichtssaal. Sie mutmaßten mit tragischen Gesichtern, dass unsere Pappel nicht nur ein rauschender Rowdy sei, der die Dächer der angrenzenden Garagen mit Blätterzeug und Ästen bewerfe, sondern eine potenzielle Mörderin, die spielende Kinder erschlagen könnte, ja auch Blinde, die sich voller Vertrauen daruntersetzen würden. Unbegreiflich verantwortungslos seien jene, Ökoterroristen sozusagen, die Bäume über das Leben eines Kindes stellten. Der Gerichtsvorsitzende zuckte bei dem Szenario zusammen. Ob er es als theatralische Geste einsetzte, um dem Urteil, das wir dank seiner voreingenommenen

Fragen ohnehin von Anfang an kannten, Gewicht zu verleihen, oder ob dieser von Berufs wegen misstrauische Geselle sich der Täuschung hingab, er lausche der Verkündung der Wahrheit, nichts als der Wahrheit? Mehr als dreihundertsechzig Jahre nach Descartes' Tod, der Skepsis forderte: »Nichts für wahr halten, was nicht so klar und deutlich erkannt ist, dass es nicht in Zweifel gezogen werden kann.«

In der Hierarchie von Mensch und Baum steht der kleine Mensch zuoberst, so ist es in der Verfassung verankert. Doch müßig hinzuzufügen, dass sich weder Kinder noch Blinde unter der Pappel jemals aufhalten, nur Autos parken etwas abseits. Ein halbes Dutzend Amateurschauspieler verfolgten in Schweizer Dialekten redend, verbissen ihr Ziel und zogen dabei sämtliche Register. Zwar helvetischer Lokalkolorit, doch nachvollziehbar als allmenschliches Phänomen.

Der Gerichtsvorsitzende schickte seinem Urteil voraus, laut Gesetz dürfe es nicht die Regel sein, einen schützenswerten Baum zu fällen, sondern es müsse die Ausnahme bleiben, und dafür bedürfe es Beweise. Und statt der Unschuldsvermutung zu folgen, plapperte er das Blendwerk aus Halbwahrheiten und Hypothesen der Gegenseite nach, das wir als unhaltbar entlarvt hatten; zwar war es keine Naturlyrik, doch auch von Sachlichkeit weit entfernt.

Eine Funktionärin von der Stadtgärtnerei hielt eine theorienreiche Rede, in der sie die Pappel an sich als ein unverschämtes Wesen darstellte – deren flache Wurzeln schlängelten sich weit über ihren Lebensraum hinaus und gierten nach Wasser, das durch den Klimawandel ohnehin immer knapper werde. Als zentralen Punkt für das Todesurteil führte sie den ruchlos unberechenbaren Charakter der Wiederholungstäterin an. Bei starkem Wind sei das Sicherheitsrisiko erkennbar, doch bei Windstille in sommerlicher Trockenheit würfen Pappeln gerne grüne Äste ab. Die pappelige Entkleidungsunsitte sei nur eine

Diesen beiden Pappeln droht die Fällung.
Eine kann schließlich gerettet werden.

Vermutung, widersprachen wir – mein jüngerer Juristensohn und ich hatten uns in unzähligen Stunden in die Rechtswissenschaft und die Dendrologie vertieft. Die den Beweis schuldig gebliebene Stadtgrünfunktionärin winkte ab, ach, alt seien die Bäume, bald würden sie degeneriert sein, also lieber gleich fällen, weg damit, samt den Insekten, die daran klebten.

Unsere Nachbarin, die nie ohne Lupe spaziert, war von der abschätzigen Haltung ihren summenden Lieblingen gegenüber entsetzt. Entomologen beklagen schon lange die geringe Wahrnehmung des dramatischen Insektenartensterbens seitens der Politik. Die kleinen Lästigen haben keine Lobby wie die Pandabären, dabei vollbringen sie Großes. Im Theaterstück *Emigranten* des polnischen Schriftstellers Slawomir Mrozek kommt ein Arbeitsmigrant in einer fremden Großstadt zum Schluss, dass Gott die Stadt verlassen hat, da er darin keine Fliegen ausmachen kann, wie er es aus seinem Dorf gewohnt ist. Mrozek spottete über den gottesfürchtigen Dörfler, dessen Einsicht aus den Siebzigerjahren heute geradezu prophetisch anmutet. Die Insekten verachtende Stadtgrünfunktionärin wirkte jedenfalls veralteter als er.

Der allgemeine Fällungsfuror war so stark, dass der Experte von der Baumschutzkommission sich einschüchtern ließ, im Flüsterton bescheinigte er dem Baum ausgezeichnete Gesundheit, eine Gefahr gehe von ihm nicht aus, er solle erhalten bleiben. Als ich ihm für seinen Mut dankte, murmelte der Ausländer (er gehörte zu jenen deutschen Fachleuten, die hier aus Vorsicht dazu neigen, nicht aufzufallen), er dürfe mit mir nicht reden, schließlich arbeite er mit diesen Leuten zusammen. Dabei schaute er so gequält, als könnte ihn im kantonalen Baudepartement für die Äußerung nonkonformen Fachwissens etwas Mächtigeres erschlagen als ein Baum.

Die Verhandlung war ein einziger Verrat an helvetischen Tugenden, auf die meine Romanheldin ein Loblied singt: Sachlichkeit, Genauigkeit, Unbestechlichkeit, begründete Kritik – so notwendig für die Demokratie. An meinen hohen Erwartungen an das Gericht merkte ich, dass ich eine verblendete Schweizer Patriotin geworden war. Mein Glaube, in der Schweiz müsse es gerechter zugehen als anderswo, demütigte mich jetzt und half mir zugleich, die mitgeschleppte interkulturelle Altlast abzuwerfen.

»Pappeln gehören nicht in die Stadt, nacheinander lassen wir alle fällen«, redete sich die Abgesandte von Stadtgrün leidenschaftlich in ihre Vision einer pappelfreien Stadt hinein, als sei Basel samt unserer Hinterhofoase ihre persönliche Länderei.

Bei Ovid sind Pappeln ein Symbol für Tod und Verwandlung, sie sind aus den Heliaden entstanden, den Sonnentöchtern, drei Schwestern des Phaeton, der den Sonnenwagen ohne Erlaubnis seines Vaters Helios so fahrlässig lenkt, dass die Welt in Flammen unterzugehen droht. Zeus tötet ihn, um die Erde zu retten. Die Schwestern Phaetons, die ihm geholfen haben, die Pferde anzuspannen, werden zu Pappeln verwandelt, zur Strafe – aber auch aus Mitgefühl, damit sie sich wegen des Todes ihres Bruders nicht mehr grämen. Und jeder, der eine Pappel verletze, verletze darin ein von Helios geliebtes Wesen – so weit die Mythologie.

Das Übelste an der Schmierentragikomödie kommt erst. An einem Sommertag heulten Sägen auf, junge Männer waren angeseilt auf die Pappel hochgeklettert. Ich rief die Polizei, denn ein Rückschnitt war während des laufenden Verfahrens verboten. Doch als die Polizisten kamen, war die Verstümmelung bereits vollbracht. Die kenntnisreiche Funktionärin, immerhin im Besitze eines Doktortitels, hatte es in ihrer schriftlichen Stellungnahme beschwichtigend als eine übliche Pflegemaßnahme bezeichnet, aber an der Verhandlung drehte sie es routiniert ins Gegenteil um. Der Baum sei nach dem massiven

Sicherheitsschnitt nicht mehr schön und daher nicht erhaltenswert. Und der Gerichtsvorsitzende wiederholte ihren Zynismus als triftigen Fällungsgrund. Wurde die Pappel etwa mit voller Absicht arglistig ihrer Schönheit beraubt?

Die Pappel steht auf dem Grundstück des Blinden- und Sehbehindertenverbandes. Ob den Blinden die Hässlichkeit besonders ins Auge sticht? Aber nicht nur der Schönheitsverlust wurde bemüht, sondern auch das liebe Geld. Eine geschundene Pappel zu pflegen, sei teuer, an den wunden Stellen würden Äste wachsen, die leicht abbrächen. Und der Gerichtsvorsitzende stutzte nicht bei dem Widerspruch, dass der sogenannte Sicherheitsschnitt noch mehr Unsicherheit verursacht hatte.

Nach dem Urteil brach im Gerichtssaal Freude aus. Obwohl taktile Nähe in dieser Gegend eher unüblich ist, betätschelten sich unsere Gegner gegenseitig mit gelösten Gesichtern, lachten, nur Lachsbrötchen und Sekt fehlten. Sie waren allzu trunken vom Sieg, um sich ein Wort des Bedauerns abzuringen, dass sie immerhin einen ehrwürdigen Baum fällten.

Als dieser Basler Krimi anfing, informierte ich auf Flyern über die bevorstehenden Fällpläne, woraufhin sich in unserem Hinterhof Widerstand regte. Ein Nachbar, der in der ganzen Welt Schweizer Uhren verkauft, sammelte über hundert Unterschriften von Anwohnern gegen die Fällung, die wir dann der Stadtgärtnerei übergaben. Doch der Wille der Nachbarschaft wurde beim Gericht nicht einmal erwähnt, als hätte man dort noch nie von der direkten Demokratie gehört.

Sie haben die Säge, ich habe das Wort. Deshalb schreibe ich über meine Erschütterung, auch wenn sie nur eine Pappel betrifft. Ich habe in die Machtfratze geblickt, sah Lüge und Kleinmut. Respektlos ist die fehlende Sorgfalt und Unabhängigkeit des Gerichtes und dreist, diese Farce als Rechtsprechung zu verkaufen.

Dann kam es doch noch zu einem halben Happy End – eine der beiden todgeweihten Pappeln darf weiterrauschen, denn eine Vorinstanz entsprach meiner Einsprache zur Hälfte. Ein Schweizer Kompromiss. Hätte ich mich nicht aufgebäumt, wäre die Entwurzelung doppelt so groß. Einsatz für eine Sache ist Bewegung. Überall in der fragilen Welt finden sich ein paar Mitbewegte und geben mir Zuversicht, auf festem Boden zu stehen – über dem Abgrund.

Smörgåsbord
am Archipel

»Rede mit niemandem«, schärft mir eine Einheimische die Benimmregel für Zugfahrten im unbekannten Land ein.

Im Abteil sitzt aufrecht auf dem Fensterplatz ein Hund, weder muss er, noch knurrt oder sabbert er, artig betrachtet er die vorbeiziehenden Birken und Nadelbäume und die gerodeten Flächen, die nachhaltig aufgeforstet sind.

Belustigt frage ich eine Mitreisende, ob der Hund eine Fahrkarte gebucht habe, auf seinen Namen ausgestellt, denn namenlos darf man hier nicht auf den Zug aufspringen. Sie zeigt stumm auf das Hundezeichen, das in allen Zugabteilen hängt, aber nur in unserem ist es nicht durchgestrichen. Die hündische Anwesenheit hat also ihre Richtigkeit. Der Gesprächsstoff hat sich erledigt.

Nach stundenlanger Fahrt durch eine eintönige, flache, taigaartige Landschaft erkundige ich mich, vom Schweigen durstig, bei meiner Sitznachbarin, ob das Glitzern, das immer wieder im Wald auftaucht, Seen oder Meeresbuchten seien.

»Kein Meer«, erwidert sie trocken, ohne mich anzublicken.

Für den Rest der Reise nehme ich mir ein Beispiel am Hund, der seine Bedürfnisse unter Kontrolle hat.

Beim Aussteigen ereignet sich doch noch ein Zusammenstoß: Ein junger Mann rammt meinen Koffer und bringt ihn zu Fall, doch ihn wieder aufrichten kann er nicht, will er nicht des versuchten Raubes bezichtigt werden.

Aus dem Lautsprecher am Bahnhof ertönt gerade die Warnung:

»Lassen Sie sich von niemandem helfen.«

»Sollte trotz allem ein Gespräch stattfinden, streite nicht«, wird mir die nächste Belehrung erteilt.

Was war zuerst, die Sehnsucht nach Konsens in der unwirtlichen Landschaft, um das Überleben gemeinsam zu stemmen, oder war am Anfang dieser kargen Welt das Schweigen? Der Zwist wohnt zwar auch im Schweigen, doch man hört ihn wenigsten nicht.

Anstatt nach dem gesprochenen Wort sehnt sich der Körper auf vertraute Art nach dem Raum, über dessen Weite er Bescheid weiß. Manch stämmiger Naturbursche, manche Riesin, schlicht, zweckmäßig angezogen. Da sie in der Öffentlichkeit den Blickkontakt scheuen, können sie sich unbekümmert, ohne Pflicht zum gestylten Schliff in die Landschaft ausdehnen, frei von Schmähung oder Anerkennung durch die Mitmenschen. Ein lasziver Schlangengang, der vom knisternden Wissen um die Beachtung anderer lebt, wäre heillose Verschwendung.

Für Einwanderer, von denen es hier viele gibt, ist es ein gutes Versteck. Die, die nicht auffallen wollen, gehen, ohne angestarrt zu werden, in der Masse unter, was zumindest in der Hauptstadt eine harmonisch wirkende multikulturelle Gesellschaft abgibt.

Doch eine Einwanderin empört sich:

»Warum lassen sie uns in ihr Land hinein, wenn sie nicht mit uns reden?«

Was für ein egomanischer Vorwurf, wenn das Gebot der Stille doch für alle gilt.

Die Nordländer schärfen die Sinne, ob Unbekannte ihnen nicht ans Fell wollen. Versuche ich es arglos mit verbalem Fellkraulen, stoße ich auf feinen, aber festen Widerstand, auf einen staunend ablehnenden Blick und einen sich verspannenden, sich leicht drohend aufrichtenden Oberkörper. Statt in aufregende Begegnungen mit Artgenossen vertiefe ich mich in die üppige Überraschung auf dem Teller und verschlinge den Fisch, hingeworfen in ganzer Leibesfülle. In den Restaurants könnte ein nicht durchgestrichenes Fischzeichen angebracht werden.

Ich beobachte Männer, die nur die Beine bewegen, die Arme schwingen nicht mit, der Oberkörper schiebt sich wie ein Schiff vorwärts, kräftesparend, als achteten diese Recken darauf, dass der Felsbrocken, der auf ihrem Gesäß thront, nicht umkippt. Sicher und mit viel Selbstvertrauen steuern sie die ihnen aufgebürdete Last in den Hafen.

Und neben den Straßen, neben ungeschminkten, düsteren Gebäuden ragen dunkelgraue, violett schimmernde Felsen empor. Eine Stadt, die der kalten Felslandschaft abgetrotzt wurde, doch nicht ganz, sie soll ihr verhaftet bleiben. Die Treue zur Rauheit wird durch Bescheidenheit zelebriert. Beton schmiegt sich an unbehauenen Fels. Die Zivilisation streckt der Natur die Hand aus.

Im Caféhaus, wo ich auftreten soll, weist mich der Veranstalter einsilbig an, auf einen Barhocker ohne Lehne hinaufzuklettern. Wie auf Stelzen überblicke ich von oben das Publikum und erkenne das, was ich vom Flugzeug bei der Landung sah: Aus dem Meer tauchten kleine Inseln auf, und auf jeder stand eine rote Hütte.

Mein Flugzeugnachbar hauchte mit zärtlichem Stolz – nicht zu mir, sondern zu seiner eigenen Kindheit:

»Auf so einem Archipel bin ich aufgewachsen.«

Die spärlichen Gäste im Caféhaus sitzen weit von mir, vereinzelt an runden Tischchen, jeder Tisch eine Insel. Sie rücken nicht zusammen, sondern ich bekomme ein Mikrofon. Irgendwann taut der Permafrost auf, es ist immerhin schon Mai, und das Publikum fängt an, lebhaft zu diskutieren. Eine tektonische Wucht, die Inseln vereinen sich zum Festland.

Ein Einwanderer aus Indien wirft klagend in die Runde:

»Wir werden bloß geduldet, aber wehe, wenn wir steile Karrieren anstreben.«

Die Moderatorin protestiert:

»Das ist nicht unbedingt Fremdenfeindlichkeit. Um bei uns aufzusteigen, muss man eben den Code kennen, und den kann man von außen nicht knacken.«

Nach der Veranstaltung kommt der Mann zu mir und brüstet sich mit seinem Mut zur Nähe, als sei dies ein kostbares Souvenir, das einzig er mir zu schenken vermag:

»Sehen Sie, so wie ich nähert sich Ihnen kein Einheimischer.«

Er schildert eine Szene aus seiner exzessiv geselligen Kultur:

»Ich sitze am einsamen Strand, ein Unbekannter kommt und setzt sich dicht neben mich, und wir reden und reden«.

Eine verfolgte Menschenrechtlerin aus einer südlichen Diktatur, die hier auf den Asylentscheid wartet, gibt sich revolutionären Plänen hin: Verkrochen im düsteren Kämmerchen in einem von Einwanderern bevölkerten Stadtteil, will sie die Einheimischen retten:

»Ich sehe, dass sie einsam sind. Das ist doch nicht normal. Der Mensch braucht zum Glück die anderen.«

In ihrem erzwungenen Nichtstun plant die Aktivistin nicht nur den Sturz ihres Präsidenten, der nach antiker Art den Kopf seiner Kritiker auf dem Silbertablett verlangt, sondern entwirft auch ein Projekt für Begegnungszentren, wo sich scheue Nordländer die Freuden der kontaktsüchtigen Südländer aneignen, miteinander singen und tanzen sollen.

»Ich will dem Aufnahmeland etwas zurückgeben«, erklärt sie die edle Absicht.

Noch hat sie allerdings niemanden gefragt, ob Wunsch nach Nähe bestehe, sie spricht keine Fremdsprachen. Da mischt sich eine hier schon lange ansässige Slowakin ein. Wenn sie in ihre alte Heimat in den Urlaub fahre, breiteten die Passagiere im Bus, im Zug ihre ganzen verpatzten Leben mit intimen Details vor ihr aus. Sie schüttelt die lästigen Schicksale der Daheimgebliebenen ab. Sie brauche Raum, am Smörgåsbord, dem schwedischen Buffet, holt sie sich, was sie will.

Zimmerwald-
manifest

Die Schweiz versteht sich inzwischen als ein Einwanderungsland. Dieser Umstand ist längst auf allen Ebenen der Gesellschaft sichtbar, doch inwieweit ist das Land mental für diese
Umwälzung bereit? Dazu genügt nicht lediglich eine verän-
derte Demografie, ein Einwanderungsland braucht ein von der
ganzen Gesellschaft getragenes Konzept, eine neue Qualität
der Dynamik.

Ich wurde zu einer Diskussion über Einwanderung mit einem jungen syrischen Zahnarzt eingeladen. Blend war ein in-
telligenter und ehrlicher Gesprächspartner. Ich meinte, in seiner Schüchternheit all die Verletzungen des frisch Exilierten
zu erkennen. Er erzählte jedoch, er habe schon immer eine zu-
rückhaltende Art gehabt, und diese habe in Syrien seltsam ge-
wirkt. Die Schweizer Zurückhaltung allerdings übersteige
seine eigene, sodass er hier als kommunikativ auffalle. Auf
einmal sehne er sich nach der überbordenden Art seiner
Landsleute, die ihn dort so genervt habe.

Blend bedauerte, dass ihm nach drei Jahren Schweiz sowohl seine kurdische Muttersprache als auch das Arabische
nicht mehr flüssig über die Lippen kämen, bei jedem Wort zö-
gere er einen Sekundenbruchteil. Mir ist diese Pause vertraut,
und ich möchte sie nicht mehr missen. So tröstete ich als Vete-
ranin das Greenhorn:

»Der Bruchteil der Sekunde ist ein Gewinn des Exils, der

Anfang eines neuen Denkens. Im Anhalten überdenkt man die hergebrachten kulturellen Dogmen.«

Blend war ausgesucht höflich, auch wenn er über den Kulturschock sprach – an seinem ersten Tag in einem Alpental fuhren ein paar Dorfbewohner mit ausgestrecktem Mittelfinger am Asylheim vorbei.

Einen unsichtbaren Stinkefinger erlebe auch ich hie und da bis heute. Das Dazugehören muss täglich neu erkämpft, bewiesen werden. Einwanderer stehen unter Beobachtung, gar unter Generalverdacht, Unglück zu verursachen. Als wäre man lebenslänglich im Kindergarten und lernte Benimmregeln. Was sind das für Regeln, die ich nicht kennen soll? Sind es nicht universelle Werte, die ich teile?

Unter ständigem Rechtfertigungsdruck verliert man das selbstverständliche Recht, Fehler zu machen, jederzeit kann mir jemand pädagogisch auf die Pelle rücken. Aber es gibt einen Gewinn dabei. In der Position einer Außenseiterin, in der ständigen Reibung – Aufgehobensein ist eher Ausnahme als Regel – habe ich Kampfbereitschaft entwickelt, die mich widerstandsfähig macht. Und da ich mich zu keiner Kultur bedingungslos bekennen muss, bin ich befreit von allerlei kulturellem Ballast.

Auch wenn ich nicht in der Rolle einer Theoretikerin des Multikulturalismus stecken bleiben will, bloß weil ich eine Betroffene bin, habe ich mich doch immer wieder schreibend damit auseinandergesetzt. So kam mir die Idee eines Gesellschaftsvertrags zwischen den Einheimischen und den Zugezogenen. Ich stelle mir eine Konferenz vor, an die Delegierte aus allen Bevölkerungsschichten strömen würden, um eine Bestandsaufnahme der Gesellschaft vorzunehmen und das Manifest für eine neue Schweiz vorzustellen. Und diese Schweiz definiert sich mehr über die Zukunft als über die Vergangenheit. Eine andere Utopie von Zimmerwald bei Bern sozusagen, keine Neuauflage der Konferenz von 1915, mit Lenin, Sinowjew und Trotzki.

Während ich dies halbwegs ironisch meine, ist es mir ernst mit der Unnachgiebigkeit gegenüber der roten Wiese mit dem weißen Kreuz darauf, wo weiße Schäfchen ein schwarzes Schaf hinauskicken. Wenn die rechte Partei SVP das ganze Land mit Plakaten ihrer ausgrenzenden Gesellschaftsutopie zuklebt, befällt mich Fremdscham. An der kompromisslosen Ablehnung merke ich dann, dass ich wohl keine ideale Besetzung für eine Zimmerwald-Delegierte wäre, die mit den Schäfchenspaltern zu einem Konsens kommen müsste.

Inzwischen gibt es selbstbewusste Einwandererstimmen, die den Spieß umdrehen: Und Sie, sind Sie integriert in die neue, multikulturelle Schweiz? Wie passt man sich in einer pluralistischen Gesellschaft überhaupt an? Ein Widerspruch in sich. Eine solche Gesellschaft braucht kritische, eigenständige Geister und nicht Nachahmung des Mainstreams.

In unserer mobilen Welt wäre es an der Zeit, schon in der Schule die Erkenntnisse der Migrationsforschung zu vermitteln, sodass Jugendliche weder Angst vor der Auswanderung noch vor der Einwanderung bekämen, sondern sich nüchtern und wissenschaftlich mit dem globalen Phänomen und dessen Auswirkungen, mit dem facettenreichen Verhalten von Eingewanderten und den möglichen Reaktionen der Einheimischen vertraut machen würden. Dann hätten rechte Populisten weniger Erfolg mit ihrer Beschwörung der Gefahr durch die sogenannte Überfremdung.

In solch einer Einwanderungsgesellschaft fände eine schmerzvolle und befreiende Annäherung statt. Wir erzählten uns gegenseitig Geschichten von beiden Ufern, schöne, schreckliche, witzige. Der Fluss wäre derselbe für alle. Wer meint, man könne in einer Schweiz mit über einem Viertel Einwanderern leben, ganz ohne aufgerüttelt zu werden, hat nicht mit dem Ta-

lent, dem Selbstbewusstsein und dem Gestaltungswillen all de-
rer gerechnet, die da sind und die noch kommen werden.

Es gibt einen Ort in Basel, wo mein Gesellschaftsideal schon
verwirklicht ist. Niemand wird hier bevorzugt und niemand be-
nachteiligt, Dutzende Sprachen ertönen, alle möglichen Körper-
formen befreien sich bis auf ein paar Stofffetzen und werden
verletzbar. Und niemand nutzt diese Verletzbarkeit aus. Franzosen aus dem Elsass, wohl ursprünglich aus dem Maghreb,
schwimmen neben Ex-Jugoslawinnen und Schweizerinnen.
Aber wen interessieren solche Zuordnungen? Alle halten sich an
die Regel in der Bahn, dass man rechts schwimmt – es braucht
also doch verbindliche Regeln! Ich schwimme seit Jahrzehnten,
und es war mir nicht bewusst, dass ich ins Schwimmbad nicht
nur zum Schwimmen gehe.

Große nationale Gefühle sind Dampf, ich bade in keiner Na-
tionalhymne mehr. Meine Landsleute sind Wasserleute, eine
verschworene Gemeinschaft mit hervortretenden Schwimm-
brillen und engen Gummis um die Köpfe, schnaufend, sprit-
zend.

Was ist die Vision dieser entspannten und doch reglemen-
tierten Schwimmbadgesellschaft? Aus dieser Wiese, die nicht
mit Nationalfarben übertüncht ist, wird niemand hinausge-
kickt. Hast du den Eintritt bezahlt, gehörst du dazu. Der Rahmen ist vorgegeben, die Inhalte füllen wir selbst. Übertreibe
ich es mit der Huldigung eines profanen Ortes und schmälere
den politischen Ansatz, wenn ich mich Sommer für Sommer
mit dem Bild des Wasserbeckens und der Wiese samt all den
badenden, liegenden, hüpfenden, unverbindlich miteinander
plaudernden bunten Schäfchen begnüge?

In der Emigration ist mir ein Heimatorgan gewachsen, mit
dem ich jahrelang auf der ganzen Welt nach Ersatzheimaten
wie nach Goldadern suchte, bis ich bemerkte, dass ich mich in
meinem Schwebezustand durchaus gemütlich eingerichtet

hatte. Das ständige Gefühl des Mangels ist der Bejahung des undefinierbaren Zustandes gewichen, der mir statt der Abhängigkeit von der Wärme jene Kühle schenkt, in der der freie Geist gut gedeiht. Der Begriff Heimat ist angesichts dieses Gewinns überflüssig geworden. Ich kann eine vollwertige Bürgerin sein ohne Heimatduselei.

Doch bei jedem Interview, an jeder Veranstaltung werde ich mit Fragen nach dem Ankommen in der Schweiz konfrontiert. Es wird erwartet, dass ich mich zur Schweiz als zu meiner neuen Heimat bekenne. Der Wunsch nach dem geografischen Benennen des Konjunkturwortes Heimat ist bei den Einheimischen auf jeden Fall ausgeprägter als bei mir. Ich werde regelrecht in die »neue Heimat« gedrängt, als wollte ich selbst nichts sehnsüchtiger.

Sich nicht am Boden niederzulassen, sondern den Schwebezustand auszuhalten, mag den Integrationsfanatikern als bockige Verweigerung erscheinen. Es gibt das Bedürfnis nach klarer Einordnung, während Zwischentöne überhört werden. Auch bei meinen zu Hause gebliebenen Landsleuten gibt es die Vorstellung von einem reibungslosen Eintauchen der tschechoslowakischen Emigranten in die neue Gesellschaft, man weiß sie in der fernen Wohlfühlecke aufgehoben. Auf Widerspruch können gereizte Reaktionen folgen. Das Image der Schweiz als Sehnsuchtsort will sich jenseits der Donau kaum jemand nehmen lassen. Ich stifte Verwirrung, greife zu neuen soziologischen Begriffen – zum Glück gibt es sie jetzt –, die dem freien Schweben eine Legitimität verleihen: hybride, offene, fluide Identität, transnationale Selbstverständlichkeit, Dritter Raum. So schütze ich mich gegen die Anmaßungen der Eindeutigkeit.

René Descartes schreibt, dass ihm in seiner Jugend die Sitten und Meinungen anderer lächerlich und exzentrisch vorkamen, bis er die geistige Anstrengung auf sich nahm und sich vorstellte, wie er mit seiner Kultur wiederum auf andere wirken mochte. Descartes plädierte für eine authentische, von kulturellen Prägungen befreite Begegnung.

Kulturen und Religionen geben uns allerlei Dogmen mit auf den Weg, als Antwort auf die Herausforderung unserer Existenz, zufällige Krücken für das Zurechtkommen auf der Erde, und sie halten die menschliche Natur, die ja nicht die Güte selbst ist, zum Beispiel durch anerzogene Höflichkeit in Schach. Weder brauchen wir die kulturellen Werte zu negieren noch uns mit ihnen zu identifizieren. Allein das Bewusstsein davon, wie relativ und wandelbar sie sind, befähigt uns dazu, sie in einer Balance zu halten.

Europa-
fans

Seit die russische Propaganda Europa als dekadent verun-
glimpft – offenbar flanieren hier auf den Boulevards gefährliche LGBT-Schönheiten –, bin ich ein Europafan geworden.
Schon mein Großvater war einer. Er taufte seinen Erstgebore-
nen Aurel, als ob der römische Imperator und Denker Marc
Aurel unser Ahne gewesen wäre. Der Kaiser hatte nämlich auf
dem Eroberungsfeldzug durch die Karpaten seinen Namen auf
einem Felsen einritzen lassen. Dabei war er nicht nur für seine
Philosophie bekannt, sondern auch für Plünderungen der rö-
mischen Provinzen berüchtigt. Der Osmane Omar hat sich auf
eine konstruktivere Weise um unsere Stadt verdient gemacht –
er hob auf der Burg über Trenčín einen tiefen Brunnen aus.
Aber die Osmanen, die uns im Mittelalter überfallen hatten,
hielt man nicht für Europäer. In der slowakischen Folklore
wird beklagt, wie sie Knaben verschleppen und sie zu Janit-
scharen, grausamen Kämpfern, erziehen, um Europa zu stürmen.

Die erste Türkin, der ich leibhaftig begegnete, studierte mit
mir an der Universität Basel. Nilgün war atheistisch und genauso kritisch denkend wie freizügig. Die Generalstochter aus
Izmir stellte das Stereotyp des »guten südländischen Liebha-
bers« geografisch auf den Kopf. Gemäß ihren empirischen Stu-
dien führten die Holländer das europäische Ranking an. Nilgün war eine Europaversteherin.

An der Stadt Basel schätze ich, dass sie im Dreyeckland liegt. Nicht deshalb, weil ich in den elsässischen und badischen Dörfern auf der Suche nach europäischen Gedanken unterwegs wäre, sondern wegen des freien Auslaufs.

Kamen früher Besucher von hinter dem Eisernen Vorhang zu mir, sagte ich konspirativ:

»Ich zeige euch etwas.«

Und ich führte die Europasucher nicht in Museen, sondern über Feldwege ohne Stacheldraht.

Oft werde ich gefragt, ob ich Slowakin oder Schweizerin oder Europäerin sei. Aufgrund der historischen Erfahrungen will ich mir feine Antennen bewahren, egal, in welchem Dreyeckland ich mich gerade befinde.

Für die Germanistikstudierenden an der Universität in Austin, Texas, wo ich um die Jahrhundertwende aus meinen Europa-Reportagen vorlas, war Europa ein unheimlicher Ort mit Kriegen und Diktaturen. Sie schauten mich mitleidig und zugleich bewundernd an, als hätte ich all diese Tragödien selbst miterlebt. Ein mutiger junger Mann bereitete sich auf eine Reise nach Rumänien vor und fragte, wogegen er sich impfen lassen solle. Als ich Texas mit seinen lachenden, glatten Gesichtern verließ und in Frankfurt landete, sah ich nur noch finstere Gestalten, geheimnisvoll, voll tragischer Vergangenheit, und ich fühlte mich sofort daheim.

Europas politisch-psychologische Leistung nach dem Zweiten Weltkrieg wurde mir wieder bewusst, als ich an einer Buchmesse im sibirischen Krasnojarsk teilnahm. Auf öffentlichen Foren fiel kein Wort über den imperialen Krieg in der Ostukraine. Ich verwickelte Messebesucherinnen, Taxifahrer, Kulturbeamte in Gespräche darüber und hörte nur Abwehr gegen Russlands Verbrechensregister.

»Amerika und Europa sind an allem schuld«, beriefen sie sich auf die manipulierten Nachrichten russischer Medienleute, die sich als vorderste Kämpfer der regimetreuen Lüge verdingt haben.

Schon wieder hat Moskau einem Land den ersehnten Weg nach Europa versperrt. Dass sich Europa den eigenen dunklen historischen Flecken allmählich stellt, wenn auch nicht in jedem Land gleich, erschien mir in der flachen Taiga als heroisch.

Doch meine ukrainische Freundin Natascha, die sich in Charkiw als Freiwillige um schwer verletzte ukrainische Soldaten kümmerte, empörte sich:

»Ich verstehe dieses Zaudern Europas nicht. Wo ist seine Ritterlichkeit? Will Europa uns Russland zum Fraß vorwerfen?«

Natascha empfand die gegen Putins Russland verhängten westlichen Sanktionen nur als Kosmetik. Ich kenne diesen Schmerz – von damals, als sich Westeuropa 1968 lediglich moralisch auf die Seite der besetzten Tschechoslowakei stellte. Man ließ im östlichen Europa – in Jalta 1945 aufgeteilt – die Sowjetunion wüten, aus Angst vor einem dritten Weltkrieg. Diesen Verrat an der Europaidee kann man den Westmächten wohl vorwerfen, doch die Panzer schickte der Warschauer Pakt, angeführt vom Kreml, genauso wie die Destabilisierung der Ukraine auf das Konto Moskaus geht. Politische Fehler und Aggression sind nicht dasselbe.

Es befremdet mich, wie manche westliche Intellektuelle die Argumente eines ehemaligen KGB-Offiziers für bedenkenswert halten, sie gar übernehmen und nicht als Strategie dechiffrieren. Auch die westliche Friedensbewegung, die sich im Kalten Krieg vom Kreml in guter Absicht vereinnahmen ließ, hörte sowjetischen Funktionären mit Hochachtung zu, als würden sie eine differenzierte, individuelle Sicht äußern. Die Argumente der Russlandversteher, die Ukrainer hätten in ihrem Drang nach Europa den russischen Großmachtanspruch berücksichtigen sollen, als sei dieser legitim, erinnern mich an Stimmen, die den Aufbruch des Prager Frühlings als naiv und vermessen ablehnten, da die Sowjetunion Reformen in ihrem Satellitenstaat nicht hätte dulden können.

Genauso kritisiert heute die slowakische extreme Rechte den Partisanenaufstand von 1944 gegen die Nazis. In Hitlers Vasallenstaat hätten die Slowaken doch gut gelebt, wozu die Wut auf sich ziehen? Es sei gar Schokolade an Kriegsgefangene verteilt worden – so süß soll es im klerikal-faschistischen Staat gewesen sein. Und konforme UdSSR-Bürger warfen den sowjetischen Dissidenten vor, ihre Aufmüpfigkeit sei der Grund für Repressionen gewesen. Wären sie doch still geblieben, dann hätte sich der Gulag nicht füllen müssen. Die Fans der Macht geben den Freiheitsuchern, die viel riskieren, die Schuld und zeigen für die Täter beflissen Verständnis.

Wir leben im europäischen Haus, gemeinsam und doch voneinander getrennt. Das Thema Einwanderung ist seit Sommer 2015 auch für Mittelosteuropa aktuell. Wenn ich in der Slowakei zu Besuch bin, erlebe ich jedes Mal eine akustische Irritation. Zwar freue ich mich, meine Muttersprache zu hören, doch gewohnt an das Schweizer Sprachengemisch, habe ich rasch eine Überdosis davon und spitze die Ohren, um in der sprachlichen Eintönigkeit wenigstens einen Fetzen Ungarisch einzufangen. Ich stelle mir Ausbrüche von Xenophobie vor, sollte die ethnische Homogenität durch Einwanderer aufgelockert werden. Dass Europas Vitalität sich dank seiner bunten Einwanderungsgesellschaft behauptet, wollen hier die meisten nicht wahrhaben.

Zwar bestehen die mittelosteuropäischen Gesellschaften traditionell aus einem Völkergemisch, aber regional begrenzt. Diese Völker stilisieren sich gerne zum herzlichen und gastfreundlichen Gegenpol der angeblich seelenlosen und pragmatischen Deutschen. Der Deutsche, der in den slawischen Sprachen *nemec*, also der Stumme, heißt, kann natürlich kein so vollwertiges Wesen wie ein beredter Slawe sein. Dann kam mit den Hunderttausenden Flüchtlingen auf der Balkanroute innerhalb von ein paar Wochen die große Überraschung. Das Selbstbild ist gekippt. In Mittelosteuropa empörte man sich über die deutsche Willkommenskultur; das sei eine Zeitbombe, die Unheil über ganz Europa bringen würde. Die Slawen und ihnen voran die finnisch-ugrischen Ungarn hielten sich dagegen für vernünftig und weitsichtig. Das den Flüchtlingen sich öffnende Deutschland verurteilten sie als verantwortungslos und unfähig, die folgenschwere Gefühlsduselei zu kontrollieren.

Mittelosteuropa versucht, die Migration mit bedrohlichen Szenarien und Rationalisierungen auf Distanz zu halten. Die fremden jungen Männer würden sich die einheimischen Mädchen schnappen. Es gelinge schon nicht, die eigene Roma-Minderheit zu integrieren, wie sollte es dann mit den Arabern klappen. Dass man die Flüchtlinge aus Syrien, Afghanistan und Irak pauschal mit den eigenen Roma gleichsetzt, die nicht nur auf dem Arbeitsmarkt wie Aussätzige behandelt werden, zeigt die undifferenzierte Wahrnehmung. Kaum jemand kennt auch nur einen einzigen Moslem persönlich. In der Slowakei leben 3000 Muslime und Musliminnen. Der Islam ist ein Gespenst geworden, obwohl hier doch jahrhundertelang die Osmanen waren. Allen Ernstes beruft man sich auf diese Erfahrung der Unterdrückung.

Ein slowakischer Historiker zog in seinem Vortrag eine Parallele zwischen dem Einfall der Osmanen und heute. In Acht nehmen sollen wir uns vor den muslimischen Mitbürgern. Als ich ihn daran erinnerte, dass die heutigen Muslime als Flüchtlinge und nicht als Eroberer kämen, griff er auf die slowakische Folklore zurück, die uns weise vor dem Islam warne, die Warnung sei sozusagen in die slowakische DNA eingraviert. Eine Differenzierung zwischen Islam und Islamismus gehört in der Slowakei nicht zum Allgemeinwissen. Zwar fliegt man schon längst an Strände nach Dubai, aber am erschreckenden Desinteresse an außereuropäischen Kulturen hat sich kaum etwas geändert.

Während die Flüchtlinge in unsicheren Booten über das Mittelmeer kamen, verzweifelten die erwachsenen Kinder meiner Freundin in Bratislava:

»Sollen wir an einen griechischen Strand zum Urlaub fahren? Ach, das geht nicht, dort sind Flüchtlinge. Oder nach Italien? Scheiße, dort sind sie auch.«

Diese junge ökonomische Elite des Landes verwechselt echte Weltgewandtheit mit dem Suhlen in den seichten globalisierten Gewässern der Konsumgesellschaft.

Im Sozialismus studierten an den Universitäten, ob in Prag oder in Bratislava, Ausländer aus befreundeten Staaten, so auch aus der syrischen Demokratischen Sozialistischen Republik. Sie lebten abgeschirmt von der Bevölkerung, und man war sich sicher, sie würden wieder verschwinden. Ein paar einheimische Frauen ließen sich trotzdem mit ihnen ein, davon zeugen deren Nachkommen mit einem dunkleren Teint.

In der größten slowakischen Zeitung *Sme* schrieb mitten in der Flüchtlingstragödie der Journalist Michal Havran eine treffende Analyse der slowakischen Mentalität unter dem Titel »Wir stehen inmitten von Bettlern und strecken die Hand aus«. Er spricht darin über die Haltung seiner Landsleute als Verlierer, die sich immer noch für die bedauernswertesten Opfer der Weltgeschichte halten, als wären sie der Nabel der Welt, einer Welt, die ihnen etwas schuldig sei. Also blicken sie nach Brüssel und strecken die Hand nach Geldern aus EU-Fonds aus. Im Wettbewerb um die größte Bedürftigkeit sei ihnen in der Gestalt der Flüchtlinge eine Konkurrenz in die Quere gekommen.

In Westeuropa hört man die Meinung, diese Völker hätten wohl vergessen, dass ihre Emigranten hier Zuflucht fanden.

Nein, sie haben es nicht vergessen, sie sind bloß der festen Überzeugung, sie seien einzig dazu auserwählt, in Westeuropa zu bleiben, da sie weiß und christlich sind, darunter viele Atheisten.

Auf diese Hackordnung stieß ich auch beim Dolmetschen für tschetschenische Flüchtlinge, die neidisch auf Eritreer waren, da jene als Deserteure eine Zeitlang in der Schweiz Asyl bekamen:

»Das sind doch Afrikaner! Wir sind weiß!«

In Russland, das sich ebenfalls für weiß hält, nennt man die Tschetschenen wiederum »schwarz«. Wladimir Putin prahlte, er verteidige Europa und das Christentum gegen den Islam – zum Beispiel mit Langstreckenraketen, mit denen der Kreml 1999 den belebten Markt von Grosny bombardieren ließ.

Die Zivilgesellschaft hat in den ehemaligen sozialistischen Ländern keine lange Tradition, die Entstehung von Nichtregierungsorganisationen wurde erst nach der Wende möglich. Die wenigen engagierten Slowaken und vor allem Slowakinnen (genauso wie Aktivisten aus anderen Visegráder Staaten) sammelten Kleider und Geld, in Personenwagen überquerten sie Grenzen nach Ungarn, Kroatien, um sie an die Flüchtlinge zu verteilen. Zu Hause organisierten sie Demos mit *Refugees-Welcome*-Transparenten gegen jene, die slowakische Fahnen schwenkten und Slogans gegen eine Islamisierung Europas brüllten.

Der ehemalige slowakische Premier Robert Fico, der 99 Prozent der Menschen auf der Balkanroute als Wirtschaftsflüchtlinge bezeichnet hatte, schwächte dann auf Druck von Brüssel seine Meinung ab. Ich erlebte ihn an einer Sicherheitskonferenz in Bratislava, wo er die Flüchtlinge arme Menschen nannte, ja, es sei human, ihnen zu helfen, doch dann, wieder ganz Populist, verkündete er:

»Aber über dem Humanismus steht etwas Wichtigeres.«

Da hob er die Arme einen Meter hoch, machte eine theatralische Pause und hauchte:

»Sicherheit.«

Damit unterstellte er den Fliehenden, allesamt Terroristen zu sein, was bei seinen Wählern und Wählerinnen nicht schlecht ankommt.

Ein Aufruf von Intellektuellen aus den Visegráder Staaten, »Brief aus Zentraleuropa«, lanciert von der polnischen Stefan-Batory-Stiftung für eine offene und demokratische Gesellschaft, distanzierte sich von der eigenen xenophoben und korrupten politischen Klasse, die sich auch der eigenen Bevölkerung gegenüber feindselig verhält:

»Wir stehen vor einer humanitären Katastrophe enormen Ausmaßes. Hunderttausende Flüchtlinge aus dem Nahen Osten und aus Afrika suchen in unserem gemeinsamen Europa Rettung, Sicherheit und Bedingungen für ein normales Leben. Es ist noch nicht so lange her, dass wir an die Tore Europas angeklopft haben. Reichen wir nicht die helfende Hand, leugnen wir die Idee der europäischen Solidarität.«

Es gibt sie, die Gerechten in der weiten Puszta.

Slowakischer
Frühling
2018

»Wir sind die,
auf die wir gewartet
haben«

Die schmale, blasse Achtzehnjährige mit Brille büffelt in diesen Tagen für das Abitur, wenn sie nicht gerade auf der Tribüne steht. Sie ist das Gesicht einer Jugend, die sich für die Bewegung »Für eine anständige Slowakei« starkmacht. An diesem warmen Frühlingssonntag 2018 bespricht sie ihre bevorstehende Rede mit anderen Mitstreitenden, die sich im Stadtzentrum in Bratislava versammelt haben.

Auf dem Námestie SNP, dem Platz des Slowakischen Nationalaufstandes – benannt nach dem Partisanenaufstand gegen die Nazis in der faschistischen Slowakei 1944 –, finden seit Wochen Bürgerproteste statt. Heute stoßen Organisatoren aus anderen Städten dazu, die vor ihren Auftritten instruiert werden: »Jeder von euch hat auf der Bühne bloß ein paar Sekunden. Sagt euren Namen, den Beruf und die Stadt. Ihr sollt sichtbar werden, als die, die ihr seid, gewöhnliche Bürger und Bürgerinnen, welche die Initiative ergriffen haben.«

Denn auch durchaus pragmatisch veranlagte Menschen wie meine ehemalige Mitschülerin erliegen den im Internet gesäten Zweifeln an der Aufrichtigkeit der Aktivistinnen und Aktivisten. Sie murmelt gereizt: »Wie kann es sein, dass eine Abiturientin etwas von Politik versteht? Wer lenkt diese Jugend?«

Als Achtzehnjährige waren wir in der sozialistischen Tschechoslowakei selbst kurz vor dem Abitur und wussten sehr wohl, auf welcher Seite die Lüge stand und auf welcher die Wahrheit. Damals rief mir aus dem Demonstrationszug für einen »Sozialismus mit menschlichem Antlitz« ein Bekannter zu: »Komm mit uns.« Das erwachte Bürgerbewusstsein zog mich magisch an, doch ich erwiderte pflichtbewusst, ich müsse Mathematik für die Prüfungen lernen.

Genau fünfzig Jahre später stehe ich mitten drin. »*Hanba, hanba*, Schande, Schande«, skandiert die Menge, wenn von der Tribüne die Verschleppung der polizeilichen Untersuchung des Doppelmordes am jungen Journalisten Ján Kuciak und seiner Verlobten Martina Kušnírová angeprangert wird. Sie wurden erschossen in ihrem Haus aufgefunden, wohl wegen Kuciaks Aufdeckung der systematischen Korruption auf höchster politischen Ebene.

Als der Rücktritt des Polizeichefs gefordert wird, ruft die Menge: »*Odstúpiť, odstúpiť*, zurücktreten, zurücktreten.« Manche halten ihre Schlüssel hoch und rasseln damit – eine Anspielung auf die Samtene Revolution von 1989, als das millionenfache Schlüsselrasseln auf Plätzen in der ganzen Tschechoslowakei bedeutete: »*Odzvonilo vám*, euer Ende wurde eingeläutet.«

In diesem slowakischen Frühling hat der Druck von der Straße nach und nach das erreicht, was vor Kurzem noch reines Wunschdenken war: den Abgang des sich zum Landesvater stilisierenden Premiers Robert Fico sowie seines verhassten Kumpels, Innenminister Robert Kaliňák. Als von der Tribüne wieder der Kampfruf »Wir sind die, auf die wir gewartet haben« ertönt, antworten die Demonstrierenden – Menschen aller Altersgruppen, Frauen wie Männer – »*Ďakujeme, ďakujeme*, wir danken, wir danken«. Und ein paar Tage nach der Demonstration opfert der neue Premierminister den Polizeichef.

Die Organisatoren sorgen für den Anstand, den sie für das Land fordern: keine brennenden Autoreifen, keine eingeschla-

Auf dem Platz des
Slowakischen Nationalaufstandes in Bratislava,
November 1989 und Frühling 2018.

genen Schaufenster, keine Schlägereien. Freiwillige stehen in Leuchtwesten in der Menge mit dem Auftrag, den Polizeikräften zu melden, sollte sich ein Gewaltausbruch anbahnen. Es ist bis jetzt friedlich geblieben, und die Organisatoren vergessen nie, sich bei der Polizei zu bedanken.

Es klingt merkwürdig, wenn sich die Jugend für Ruhe und Ordnung bei der Polizei bedankt und sich für eine altertümliche Tugend wie Anstand mobilisiert. Gewisse Machenschaften der älteren Generation müssen arg unanständig wirken, dass *slušnost'*, Anstand, zum modischen Jugendwort mutiert. Der Sprecher der Studierenden ruft seine Landsleute dazu auf, überall im Alltag auf Anstand zu achten: »Seid selbst ein Vorbild für Anstand!«

Anstand solle die ganze Gesellschaft durchdringen, auch die Behörden und die Gerichte. Das Wort weitet sich. Ján und Martina wurden in ihren Hochzeitskleidern begraben, da der Mörder sie vor ihrer geplanten Hochzeit mit drei Kugeln erledigt hatte. Die Unanständigkeit steht für die ermordete Jugend, für die ermordete Unschuld. Dagegen revoltiert diese Generation: »*Dost' bolo*, es reicht«.

»Soll Frieden über diesem Land bleiben«, singt eine slowakische Sängerin auf Tschechisch. Die Menge summt mit, sie kennt die symbolische Kraft des Refrains. Das ist das »Gebet für Marta« von Marta Kubišová, der in den Sechzigerjahren populären tschechischen Sängerin. Es ist jenes Lied, das sie gegen die Okkupation der Tschechoslowakei sang. Kubišová durfte danach nicht mehr auftreten, während ihr Bühnenpartner Karel Gott mit dem Regime paktierte und sich gar öffentlich gegen die Charta 77 aussprach, was seinem Ruhm keinen Abbruch tat. Der gealterte Gott aus Prag hetzt heute mit Verschwörungstheorien gegen Flüchtlinge, gegen Muslime, die eh einen Bogen um Tschechien machen.

Kubišová und ihr Gebet symbolisieren das tschechoslowakische Erbe des Widerstandes. Auf dem Platz des Slowakischen Nationalaufstandes sind die Jahre 1944, 1968, 1989 und 2018 miteinander verbunden. Schon 1989 rief man *ďakujeme, ďakujeme*. Und gerade diese Kontinuität ist das Hoffnungsvolle. Denn ob die Demonstrationen die politische Landschaft radikal und bald verändern werden, ist mehr als fraglich, doch im nationalen Gedächtnis wird die Erinnerung an den Frühling 2018 bestehen bleiben. Die Zivilgesellschaft wird dank der Macht, die sie sich auf der Straße erkämpft hat, wohl hellhöriger für Missstände sein und selbstbewusster dagegen vorgehen. Sie wird erprobte Instrumente dafür haben.

Hat etwa der amerikanische Milliardär und Philanthrop George Soros das Lied von Marta Kubišová bestellt und bezahlt? Sein Name als Drahtzieher der angeblichen Destabilisierung Europas geistert nicht nur in seinem Herkunftsland Ungarn herum. Unmittelbar nach den Morden brachte der damalige Premier Robert Fico den Staatspräsidenten Andrej Kiska und Soros zusammen als Hintermänner der Tat ins Spiel. Ein Kommentator in der Tageszeitung *Sme* fragte: »Ist Fico wahnsinnig geworden?«

Die Organisatorin der Demonstrationen in der Stadt Žilina erzählt mir, dass sie die Abzeichen »Bürger für eine anständige Slowakei« in aller Öffentlichkeit in einer Buchhandlung von Eltern und Kindern drucken lassen, um das Argument, Soros habe die Abzeichen lange vor den Demos anfertigen lassen, zu entkräften und um zu zeigen, dass jeder und jede mitmachen kann. Eine andere Aktivistin sagt: »Es ist wichtig, dass wir Ortsansässige sind, dass die Menschen wissen, wie wir leben, wer unsere Eltern sind, so wird klar, dass wir nicht von irgendjemandem manipuliert werden.«

Die Verschwörungstheorien finden einen fruchtbaren Boden im Nihilismus, diesem Abwehr- und Schutzreflex vor permanentem politischen Missbrauch. Das hört sich so an: »Ach, man kann niemandem trauen, alle sind korrupt, es lohnt nicht, etwas zu unternehmen, es ändert sich eh nichts.« Die Demonstrationen räumen mit dieser bequemen Passivität auf. Die tief sitzende, lange brodelnde Wut auf die regierende Klasse entlud sich nach den Morden. Als Auslöser für Proteste ist Wut genau das Richtige. Aber wie soll es weitergehen?

Die EU-Fahnen, die im durch die Donauebene wehenden Wind flattern, bedeuten, dass dieser Bürgerprotest proeuropäisch ist, man versteht die EU als Garantin für den Rechtsstaat. Es gibt auch zwei Regenbogenfahnen. Die bewusst offen gewählten Slogans »Für eine anständige Slowakei«, »Es reicht« und »Es ist mir nicht egal« sind der gemeinsame Nenner für das Unbehagen in der Gesellschaft. Die Demos als soziales Becken, in dem sowohl Atheisten wie Gläubige, Mütter wie Schüler, Intellektuelle wie Bauern Platz finden. Wer du auch bist, du kannst mitmachen. Obdachlose helfen mit, die Tribüne aufzubauen, auf der sich gerade junge Mütter mit ihren Kleinkindern aufreihen. Sie erklären, dass sie sich als gewöhnliche Bürgerinnen engagieren, da sie die Zukunft für die nächsten Generationen nicht verspielen wollen. Mittendrin steht ein lesbisches Paar mit Kind.

Ich spreche die Organisatorin der Demos aus einem südslowakischen Städtchen an, einer von der Regierung vernachlässigten Gegend, wo es kaum Arbeit gibt und wenig Lust, sich einzubringen. Hier lebt vor allem die ungarische Minderheit, die mit Orbáns Propaganda aus dem ungarischen Fernsehen berieselt wird. Aus Ungarn blicken nur sogenannte Volksverräter mit Sympathien auf das slowakische Frühlingsphänomen. Um dem Vorwurf entgegenzuwirken, die Demos seien ungarnfeindlich, laden die Organisatoren ungarischsprachige Redner ein, berichtet diese Opernsängerin und Theologiestudentin. Man merkt den Organisatoren an, wie professionell und sensibel sie die lokalen Besonderheiten berücksichtigen.

Trotz des sichtbaren Pluralismus in der Bewegung fehlt mir etwas. Meine Frage an die Aktivisten, ob sie auch Roma als Redner und Rednerinnen hätten, macht stutzig. Es kommen vorsichtige Erklärungen, dass die Roma in ihrer Ortschaft keine geeigneten Vertreter hätten, dass diese Bevölkerungsgruppe in den Siedlungen abseits der Städte und Dörfer zu stark in ihrem nackten Überlebenskampf stecke, bei dem es ums Essen, um Anschluss an Wasser- und Stromleitungen gehe. Der Zusammenhang zwischen Lokal- und Staatspolitik sei ihnen zu wenig bewusst. Die Organisatoren hätten Mühe genug, sich Glaubwürdigkeit zu verschaffen, und die Bevölkerung würde die Teilnahme der Roma-Minderheit an den Bürgerprotesten nicht goutieren, das könnte Sympathisanten abschrecken.

In der Hauptstadt dagegen wäre es möglich, doch man wagt es nicht. Würde die Menge dann nicht mehr jubeln? Sollen die Proteste die ganze Bevölkerung repräsentieren, müsste ein Zeichen gesetzt werden gegen die Stigmatisierung von einer etwa halben Million Roma, die weiterhin gesellschaftlicher Konsens ist. An einem Kongress junger Roma in Bratislava wurde neben Forderungen nach Bildungsprogrammen für die Roma-Jugend auch verlangt, von den Staatsvertretern und der Gesellschaft als gleichwertige Partner anerkannt zu werden.

Wie lebendig die Proteste auch sind, mit fröhlichen, sympathischen Gesichtern, so schwebt über allem die große bange Frage: Und wo ist die Alternative? Wo sind Politiker, die wir als unsere Vertreter akzeptieren würden? Die Oppositionspolitiker sind entweder genauso schlimm wie die von der regierenden Koalition oder gar noch gefährlicher.

Eine ausweglose Lage. Einerseits gibt es keine politische Persönlichkeit, die den Wagen aus dem Morast führen könnte, andererseits halten die zurückgetretenen *Smer*-Politiker Fico und Kaliňák an der Macht fest, auf Umwegen über ihre Mario-

netten. Das zeigt die unverfrorene Ernennung der neuen In-
nenministerin, die jahrelang Kaliňáks rechte Hand war. Daran erinnern Demonstranten vor dem Präsidentenpalast, als
dort Denisa Saková vereidigt wird. Einer kommentiert: »Wir
wollen der Öffentlichkeit und der Ministerin zeigen, dass wir
da sind, wir gehen nicht weg.«

In seiner Kolumne in der Wochenzeitung *Týždeň* analysiert
Peter Zajac den slowakischen Frühling. Der Germanist ist
gleichsam auch Experte für revolutionären Geist, er war einer
der wichtigsten Akteure der Samtenen Revolution: »Die nicht
aufhörenden Meetings sind eine elementare menschliche Erfahrung und zivilgesellschaftliche Pädagogik geworden. Sie haben Gemeinschaftlichkeit geschaffen, die Menschen gelehrt,
dass es Sinn ergibt, in der freien Welt frei zu handeln. Die Korruption war so selbstverständlich geworden, dass die Politiker
sie nicht mehr wahrnahmen. Doch an den Meetings nimmt man
sie nicht mehr hin. Die Erde erzittert und bewegt sich. Sie speit
politisches Lava, reinigt den politischen und öffentlichen Raum,
macht die Öffentlichkeit empfindsam, sozialisiert mit Anstand.«

Den aufwühlendsten Auftritt hat ein Bauer aus der Ostslowakei. Mit einem typisch ostslowakischen Akzent und in ein-
facher Sprache schildert er, wie er sich wehrte, als fremde
Mähdrescher seine Ernte einbrachten. Dafür wurde er so zu-
sammengeschlagen, dass er ein halbes Jahr arbeitsunfähig gewesen sei und bis heute unter gesundheitlichen Folgen leide.
Gruppierungen würden Landwirte terrorisieren, ohne dass
die Polizei eingreife.

Der ermordete Kuciak arbeitete zuletzt an einem Artikel
über die Rolle der kalabrischen Mafia 'Ndrangheta in der ostslowakischen Landwirtschaft und über deren Kontakte zur
Smer-Spitze. Antonino Vadalà aus Kalabrien, der seit den
Neunzigerjahren in der Ostslowakei Landwirtschaftsprojekte
betrieb, auch mit EU-Geldern, wurde nun direkt aus der slo-

wakischen Untersuchungshaft nach Italien ausgeliefert, wo ihm Kokainschmuggel vorgeworfen wird.

Zu dieser Seifenoper – so hat es Kuciak enthüllt – gehört, dass Vadalàs junge slowakische Geliebte Mária Trošková, die mit ihm gemeinsame Geschäfte machte, auf wundersame Weise persönliche Chefberaterin von Fico wurde. Sie begleitete den Premier zu Sitzungen nach Brüssel oder zu Angela Merkel nach Berlin. Troškovás politische Qualifikation ist ihre Diplomarbeit an einer privaten Hochschule für Management, in der sie Websites miteinander vergleicht, die Schmuck zum Verkauf anbieten und auf denen sie selbst nackt posiert. Sofort nach den Morden verschwand die slawische Schönheit von der politischen Bühne.

Für illegale Beschlagnahmung ostslowakischer Ländereien braucht es keine Entwicklungshilfe aus Kalabrien. Leute, die mit der Polizei und den Behörden gar verwandtschaftlich verbandelt sind, erledigen es gekonnt mit ostslowakischem Akzent. Die Intellektuellen aus Bratislava staunen über die erst jetzt bekannt gewordenen mafiösen Praktiken, die sie eher in der Ukraine vermutet hätten als im eigenen Land. Der eigene Osten gilt für Bratislava als uninteressant, rückständig, dort herrschen Familienclans. In Bratislava, wo es kaum Arbeitslosigkeit gibt, arbeiten viele aus der ärmeren Ostslowakei, denen man mit Argwohn nachsagt, sie würden ihre Familienmitglieder und Freunde nachziehen und denen Posten verschaffen.

Die mentale und wirtschaftliche Kluft zwischen der Ost- und der Westslowakei ist größer als jene zwischen Bratislava und Wien. Konfrontiert mit dem Vorwurf, er und seine Parteifreunde seien in Agrarbetrügereien in der Ostslowakei verstrickt, konterte der Noch-Premier Fico, in der Ostslowakei gebe es nichts. Und wo nichts sei, könne man auch nichts holen. In der Tat sind ganze Dörfer praktisch entvölkert. Wenn ich in

Basel für slowakische Arbeitsmigranten bei Behörden, Schulen oder im Spital dolmetsche, sind es meist Ostslowaken und -slowakinnen, die diesem »Nichts«, also der Arbeits- und Perspektivlosigkeit, auf eine Baustelle oder als Altenpflegerin in die Schweiz entflohen sind.

Um die Kluft zwischen der Ost- und Westslowakei symbolisch zu überwinden, findet diese Frühlingsdemo nicht nur in Bratislava statt, sondern am selben Tag auch im ostslowakischen Städtchen Humenné. Das ist ein Zeichen für eine neue Ost-West-Annäherung: Wir wollen füreinander da sein. Es waren ja gerade die Demonstrationen, die die ostslowakischen Bauern dazu ermutigt hatten, ihr Schweigen zu brechen, die Angst abzulegen, das jahrelange Leid öffentlich zu machen.

Wenn der ostslowakische Bauer auf der Tribüne in Bratislava fast weinend sagt, er wolle bloß seine eigene Ernte nach Hause fahren, klingt es wie eine archaische Metapher für das angekündigte Unrecht schlechthin: Was du säst, wirst du nicht ernten. Inzwischen berichten aufgebrachte Bauern auch aus anderen Teilen der Slowakei von ähnlichen Vorfällen. Die Medien greifen es nun auf. Die lokalen Zeitungen haben es bis jetzt aus Angst unterdrückt, jene in Bratislava aus Unkenntnis und wohl auch aus Desinteresse.

Als Robert Fico noch Premier war, wetterte er notorisch gegen die unabhängigen, ihn gnadenlos kritisierenden Medien und nannte die Journalisten antislowakische Prostituierte, womit er sie zum Freiwild erklärte. Er ist mitverantwortlich für ein Klima, in dem es zur Gewohnheit wurde, sich abschätzig über Medienleute zu äußern. Die slowakischen Medien sind gemäß einem Pressefreiheitranking von »Reporter ohne Grenzen« für das Jahr 2017 vom Platz 17 auf Platz 27 zurückgefallen. Doch damit steht die Slowakei im Vergleich zu den anderen drei Visegráder Staaten Tschechien (34), Polen (58) und Ungarn (Platz 73) immer noch am besten da. Der Mord an Kuciak und seiner Verlobten hat eine Wende eingeleitet. Die Gesellschaft fängt an, die journalistische Arbeit als etwas Wesentliches für die Demokratie und das eigene Wohl zu respektieren.

Die Demoproteste gehen weiter. Nun rückt die bedrohte Unabhängigkeit des öffentlich-rechtlichen Rundfunk- und Fernsehsenders RTVS ins Zentrum. Die Organisatoren appellieren: »Auch die Öffentlichkeit muss sich für die Freiheit der Medien einsetzen. Das ist eine der Lektionen, die uns der Tod von Ján Kuciak erteilt hat. Gemeinsam lehnen wir *normalizácia* im RTVS ab.« Der Begriff *normalizácia* soll daran erinnern, dass im Frühling 1968 die Bevölkerung auf den aufregenden Geschmack der Medienfreiheit gekommen war, die nach der Okkupation für mehr als zwei Jahrzehnte zerstört wurde. *Normalizácia* ist also gleich Zensur.

Die slowakischen Medienschaffenden sind sich ihrer wachsenden Verantwortung bewusst geworden. Einige der wichtigsten Zeitungen organisieren nun als Fortsetzung der Straßenproteste regelmäßige Diskussionsrunden und rufen dazu auf, sich aktiv daran zu beteiligen. Die Chefredakteurin von *Sme* nimmt die Medien in die Pflicht und legt den Finger auf den wunden Punkt. Sie stellt ihren Kollegen an einer Diskussion die Kardinalfrage, wie man das Wort *slušnosť*, Anstand, verstehen soll – in Harmonie oder im Streit mit dem allzu ähnlich klingenden Wort *poslušnosť*, Gehorsam. Die slowakische Sprache verrät nämlich, was die konfliktscheue Mentalität unter Anstand versteht – eben: Gehorsam.

Doch das ändert sich gerade. So wird aus Anstand Aufstand.

Einige der hier publizierten Essays und Reportagen sind in Anthologien und in den folgenden Medien erschienen: *Neue Zürcher Zeitung, Berner Zeitung, Basler Zeitung, Das Magazin, Die Horen, Klartext, Schweizer Monat, Diagonal, Emma, MIX. Magazin für Vielfalt* sowie *Republik*. Sie wurden für dieses Buch überarbeitet. Andere erscheinen hier zum ersten Mal.

Bildnachweis

Esther Pfirter: Seiten 17, 20; Privatarchiv: Seiten 27, 56, 75, 76, 131; Claire Niggli: Seiten 34, 38; Mesut Tufan: Seite 41; Peter Mosimann: Seite 48; Irena Brežná: Seiten 67, 127; Waleri Schtschekoldin: Seiten 89, 110, 114, 136; Sainap Gaschajewa: Seite 121; Jan Geerk: Seite 154; TASR / Ivan Rychlo (oben); Gabriela Birošová (unten): Seite 181

Foto: Ľuboš Pilc

Irena Brežná, geboren 1950 in der Tschecho-
slowakei, emigrierte 1968 in die Schweiz und
lebt heute in Basel. Sie ist Journalistin,
Schriftstellerin, Slawistin, Psychologin und
Menschenrechtlerin. Ihr Roman *Die
undankbare Fremde* (2012) wurde mit dem
Schweizer Literaturpreis ausgezeichnet.
Weiter erhielt sie u. a. für ihre Kriegsrepor-
tagen aus Tschetschenien den Emma-
Journalistinnen-Preis und den Theodor-
Wolff-Preis sowie den Zürcher Journalisten-
preis für ihre Reportage über kosovarische
Flüchtlinge.